U0927889

2013清单规范解析与广联达计价软件应用丛书

工程造价法规文件备查手册

郭　甜　主编

中国建筑工业出版社

图书在版编目（CIP）数据

工程造价法规文件备查手册/郭甜主编．—北京：中国建筑工业出版社，2013.8

2013清单规范解析与广联达计价软件应用丛书

ISBN 978-7-112-15610-8

Ⅰ.①工…　Ⅱ.①郭…　Ⅲ.①工程造价-建筑法-中国-手册　Ⅳ.①D922.297-62

中国版本图书馆CIP数据核字（2013）第159442号

本书为2013工程量清单规范广联达计价软件应用丛书之一。造价人员不仅要熟练使用相关造价软件，也要对工程所在地的与造价相关的法律法规有所了解。为了方便广大造价人员对相关法律法规的查询与使用。本书特汇集了近几年来，全国各省（市）的与工程量清单相关的主要法律法规条文与规定。

本书适合造价专业从业人员阅读使用。

*　　*　　*

责任编辑：杨　杰　万　李　张伯熙
责任设计：董建平
责任校对：刘梦然　党　蕾

2013清单规范解析与广联达计价软件应用丛书
工程造价法规文件备查手册
郭　甜　主编
*
中国建筑工业出版社出版、发行（北京西郊百万庄）
各地新华书店、建筑书店经销
北京红光制版公司制版
北京世知印务有限公司印刷
*
开本：787×1092毫米　1/16　印张：12½　字数：310千字
2013年8月第一版　2013年8月第一次印刷
定价：**40.00**元
ISBN 978-7-112-15610-8
（24243）

版权所有　翻印必究
如有印装质量问题，可寄本社退换
（邮政编码100037）

前　言

2008清单发布之后，全国各地造价管理部门陆续发布了很多针对工程造价的法规和相关文件，有些是针对当地人工费的调整，有些是针对当地的特殊取费以及特别报表内容的输出。主要都是结合各地区定额、各地实际的业务情况进行调整的。

目前，各地造价人员从事全国工程造价项目的比例在逐年提高，尤其是在2013清单发布之后，这个比例会继续提高。为了便于各位造价工作者更好的在新清单时代使用造价软件高效完成工作，解决广大造价人员的困扰，本书特地将各地区常用造价法规文件进行整理和收编，供造价人员阅读使用。希望本书能够对大家的日常工作起到帮助。

郭甜女士、赵秀海先生、刘明先生、郭旸先生几位作为编委，为本书编写投入了大量的时间和精力。正是因为他们的全身心投入，才有了本系列丛书出版。当然，也特别感谢喻太祥先生，田均鹏先生在本书编辑过程中对我们提供的指导与意见，也感谢梁志敏女士、梁念念女士、张玉茹女士在本书出版过程中对我们提供的支持。

目　录

第1章 北京地区

1.1 关于颁发2012年《北京市建设工程计价依据——预算定额》的通知

京建发〔2012〕538号

各有关单位：

为加强我市建筑市场管理，适应市场经济规律，引导市场合理确定并有效控制工程造价，构建和维护健康有序的市场环境，我委编制了2012年《北京市建设工程计价依据——预算定额》（以下简称本定额），现予发布。

本定额作为北京市行政区域内编制建设工程预算、工程招标、工程量清单计价、国有投资工程编制标底或最高投标限价（招标控制价）、签订工程施工承包合同、拨付工程款及办理竣工结算的依据，作为工程投标报价的参考依据。

本定额自2013年7月1日起执行，2001年《北京市建设工程预算定额》及其配套文件同时停止使用。

本定额由北京市建设工程造价管理处负责解释和管理。

北京市住房和城乡建设委员会

2012年12月20日

1.2 关于颁发2012年《北京市房屋修缮工程计价依据——预算定额》的通知

京建发〔2012〕537号

各有关单位：

为加强我市房屋修缮市场管理，适应市场经济规律，引导市场合理确定并有效控制工程造价，构建和维护健康有序的市场环境，我委编制了2012年《北京市房屋修缮工程计价依据——预算定额》（以下简称本定额），现予发布。

本定额作为北京市行政区域内编制建设工程预算、工程招标、工程量清单计价、国有投资工程编制标底或最高投标限价（招标控制价）、签订工程施工承包合同、拨付工程款及办理竣工结算的依据，作为工程投标报价的参考依据。

本定额自2013年4月1日起执行，2005年《北京市房屋修缮工程预算定额》及其配套文件同时停止使用。

本定额由北京市建设工程造价管理处负责解释和管理。

北京市住房和城乡建设委员会

2012年12月20日

1.3 关于印发《北京市建设工程造价管理暂行规定》的通知

京建发［2011］206号

各区（县）住房城乡建设委，各集团（总公司），各有关单位：

为规范我市建设工程计价行为，合理确定和有效控制工程造价，保证工程质量和安全，维护社会和谐稳定，促进建筑行业的健康发展，现将《北京市建设工程造价管理暂行规定》印发给你们，请遵照执行。

特此通知。

附件：北京市建设工程造价管理暂行规定.doc

二〇一一年五月九日

1.4 北京市建设工程造价管理暂行规定

第一章 总 则

第一条 为规范我市建设工程计价行为，合理确定和有效控制工程造价，保证工程质量和安全，维护社会和谐稳定，促进建筑行业的健康发展，根据《中华人民共和国建筑法》、《中华人民共和国招标投标法》、《中华人民共和国价格法》、《中华人民共和国合同法》等有关法律法规，结合本市实际情况，制定本规定。

第二条 本规定所称的建设工程造价，是指建设工程从立项到竣工验收交付使用所需的全部费用，包括建筑安装工程费、设备及工器具购置费、工程建设其他费用、预备费、建设期贷款利息、国家规定应当计入工程造价的其他费用。

本规定所称的建设工程计价，是指依照建设工程不同阶段的相关资料及有关规定、设计图纸、计价依据、方法、程序计算建设工程造价的活动。

第三条 在本市行政区域内从事房屋建筑和市政基础设施建设的工程造价编制、确定、控制及监督管理活动，适用本规定。

第四条 建设工程计价应当遵循合法、公平、科学、诚信的原则。

第五条 北京市住房和城乡建设委员会（以下简称市住房城乡建设委）负责其职责范围内的建设工程造价的监督管理工作，具体工作委托市建设工程造价管理机构负责。

第二章 工程计价依据的制定

第六条 建设工程计价依据包括：

（一）投资估算指标；

（二）概算指标、概算定额；

（三）工程量清单计价规范、预算定额、单位估价表、劳动定额；

（四）费用定额；

（五）工期定额；

（六）工程建设的人工、材料、设备、施工机械台班价格；

（七）国家和本市制定颁发的其他计价依据。

第七条 本市建设工程计价依据分为统一计价依据和一次性补充计价依据。

统一计价依据由市住房城乡建设委根据国家的统一标准，结合本市实际情况组织编制，并发布施行。

一次性补充计价依据由发包人组织编制并审核后，报市住房城乡建设委备案。

第八条 建设工程造价实行动态管理，市建设工程造价管理机构负责发布人工、材料、设备、施工机械台班的市场价格信息、调整系数、技术经济指标、典型工程造价分析、造价指数，引导调控建筑市场主体合理计价定价。

第三章 工程造价的编制与管理

第九条 建设工程计价活动包括：编制投资估算、设计概算、施工图预算、工程量清单、招标控制价或工程标底、投标报价，确定工程合同价，进行工程计量与价款支付，调整工程价款，工程索赔，处理工程造价纠纷，进行工程结算、竣工决算等。

第十条 建设工程造价应当由具备编制能力的单位或委托具有相应资质的造价咨询企业编制。

复核和审查工程造价成果文件的人员应当为注册造价工程师。

工程造价的编制、审核单位和注册造价工程师、造价员对其编制和审核的工程造价成果文件承担相应的法律责任。

造价咨询企业应按照规定向住房和城乡建设部与市住房城乡建设委报送统计报表与经营业绩等相关资料。

第十一条 造价员应当在本人承担编制的工程造价业务文件上签字并加盖专用章；注册造价工程师应当在本人负责编制、复核和审查的工程造价成果文件上签字并加盖执业印章，并由执行该造价成果文件任务的造价咨询企业或有编制能力单位的法定代表人签字，并加盖单位公章和造价咨询企业执业印章。

第十二条 建设工程造价应当根据工程不同阶段的方案资料、设计图纸、计价依据、计价办法及有关规定进行编制。

（一）工程量清单应当根据招标文件、设计图纸、工程量清单计价规范及有关规定编制。

（二）招标控制价应当根据招标文件、设计图纸、工程量清单计价规范、预算定额、工程造价信息、费用定额、计价办法及相关资料编制。

（三）投标报价应当根据招标文件、设计图纸、工程量清单计价规范、施工组织设计、计价办法、本企业定额或参照市住房城乡建设委发布的预算定额、市场价格及相关资料编制。

（四）施工图预算应当根据施工图纸、计价办法、预算定额、工程造价信息、费用定额及相关资料编制。

（五）建设工程竣工结算，应当以在市或区（县）住房城乡建设委备案的施工合同为依据，以发承包双方签订的合同价为基础，结合合同约定的价款调整范围内容及调整办法进行编制。

第十三条 建筑市场各方主体依据本市统一计价依据和计价办法进行工程计价所使用的计价软件，应当符合市住房城乡建设委制订的标准格式要求。

第十四条 总承包服务费应当依据招标人在招标文件中列出的分包专业工程内容，按照招标人提出的协调、配合与服务要求和施工现场管理需要，在本市现行规定的幅度费率范围内由投标人自主确定。

工程竣工结算时，总承包服务费应当按照分包专业工程结算造价（不含设备费）及原投标费率进行调整。

第十五条 编制招标控制价或工程标底、投标报价时，安全文明施工费应按照本市现行费率标准计算，并单独列出，不得作为竞争性费用。

第十六条 规费是指依据政府及有关部门规定必须交纳的费用，应按照国家和本市的有关规定计算，并足额上缴，不得作为竞争性费用。

规费包括：住房公积金、基本医疗保险基金、基本养老保险费、失业保险基金、工伤保险基金、残疾人就业保障金、生育保险等。

在编制招标控制价或工程标底时，规费应按照现行有关规定计算；在编制投标报价时，规费应根据规定结合本企业上一年度缴费情况确定。

农民工工伤保险应按照现行规定计算，并在招标控制价或工程标底、投标报价中单独列出，开工前由发包人一次性拨付给总承包人，总承包人应按照有关规定办理农民工工伤保险。

第十七条 全部使用国有资金投资和国有资金投资为主的建设工程，必须采用工程量清单计价，并编制招标控制价。

一项工程只设置一个招标控制价或工程标底。招标人不得故意压低招标控制价或工程标底。

招标控制价应当在招标时公布，公布的内容包括：单位工程的分部分项工程、措施项目、其他项目、规费、税金的合价。投标人对于招标控制价未按照《建设工程工程量清单计价规范》规定编制的，应在开标前五天向市或区（县）住房城乡建设委投诉。

招标人应当将招标文件和招标控制价及其电子版一份报送市或区（县）住房城乡建设委。

第十八条 投标报价的总价低于招标控制价的总价（均不包括不可竞争费用）：其中建筑和装饰工程低于6%，市政和轨道交通工程低于8%，或评标委员会认为投标报价组成明显不合理的，该投标人应就其报价的合理性做出详细说明，评标委员会对该报价应进行详细分析及质询。对高于招标控制价的报价，或过低报价又不能说明其合理性的，招标人有权拒绝其参与该工程的投标，以避免因低价中标后可能带来的重大履约风险。

第四章　工程价款的确定与结算

第十九条 工程发承包双方应当根据拟建工程的规模、工期要求、图纸设计深度及有关规定，正确选择合同价方式。施工合同工期在一年以内，并已经通过施工图设计文件审查的工程，可采用总价合同方式，其他工程应当采用单价合同方式。

发承包双方应当依照招标文件、中标人的投标文件和中标通知书订立施工合同，并于订立之日起7天之内到市或区（县）住房城乡建设委备案，双方不得另行签订背离备案合同实质性内容的合同、协议或补充协议。

第二十条　发承包双方应当按照国家和本市的规定，在施工合同中明确约定工程预付款和进度款的支付标准、支付方式及时限、抵扣方式。

第二十一条　施工合同应明确约定安全文明施工费的总费用，以及该费用的支付时间、使用要求、调整方式等，合同对预（支）付计划未作约定或约定不明确的，安全文明施工费的预（支）付按以下方式办理：合同工期在一年以内的，该项费用的预付应不低于其总额的50%，合同工期在一年以上（含一年），该项费用的预付应不低于其总额的30%，其余费用应当按照施工进度支付。

承包人应在财务管理中单独列出安全文明施工费，并专款专用。

第二十二条　发承包双方应当在施工合同中明确约定主要材料、人工及机械价格变化的风险范围及幅度，以及超出约定风险范围及幅度的调整办法。价格风险幅度应在±3%至±6%区间内考虑。

第二十三条　发承包双方应严格执行本市的工期定额，当发包人要求的工期小于定额工期的，应按照本市的有关规定计算压缩工期增加费和抢工措施费。但压缩工期的天数超过定额工期30%的，视为发包人任意压缩合理工期，按照《建设工程质量管理条例》的有关规定进行处理。

第二十四条　承包人应当按照合同约定期限，向发包人提交已完工程量报告，发包人应自接到工程计量报告的14天之内核实完毕。

第二十五条　承包人根据双方确定的工程计量结果，向发包人提出支付工程进度款申请，发包人应自接到申请之日起的14天之内，按照合同约定向承包人支付工程进度款和扣回工程预付款，若发包人未按照合同约定支付工程进度款，应当与承包人协商签订延期支付协议，并办理具有强制执行效力的公证文书，未签订延期支付协议的，承包人可按照银行同期贷款利率计算延期付款利息，发包人应当承担相应的违约责任。

第二十六条　施工合同履行过程中发生的工程变更及合同约定允许调整的内容涉及工程价款调整的，发、承包人应如实记录并即时签字确认，以发、承包人的法定代表人或其授权人员签字确认的书面资料为依据调整工程价款，与工程进度款同期支付。

第二十七条　因分部分项工程量清单漏项或非承包人原因的工程变更，引起措施项目发生变化，造成施工组织设计或施工方案变更，原措施费中已有的措施项目，按原措施费的组价方法调整；原措施费中没有的措施项目，由承包人提出适当的措施费变更，经发包人确认后调整。

第二十八条　承包人应当按照合同约定期限向发包人提交竣工结算文件，合同没有约定的，其期限为工程竣工验收合格之日起的28天内。

发包人收到承包人提交的竣工结算文件时，应当书面签收。

完整的竣工结算文件包括：竣工结算报告书、施工合同、补充协议、招标文件、投标报价、中标通知书、设计施工图、竣工图、图纸会审纪要、施工组织设计、洽商变更、涉及工程价款的签证资料等。

第二十九条 发包人对单项工程的竣工结算原则上只审核一次，不得以审计为由进行重复审核及拖延工程价款支付。单项工程审核时限应当在合同中约定，若合同没有约定或约定不明确的，执行《建设工程价款结算暂行办法》的相关规定。

建设项目竣工总结算审核应当在最后一个单项工程竣工结算审核确认后的 28 天之内完成。

政府投资工程的竣工决算审计按照国家有关法律法规的规定执行。

第三十条 工程竣工结算文件经发承包双方签字盖章，即应当作为支付工程竣工结算价款及办理竣工决算的依据。除法律法规和国家另有规定外，任何单位都不得对经发承包双方签字盖章生效的工程竣工结算再进行审核。

第三十一条 国有资金投资和国有资金投资为主的建设工程，发包人应当在办完竣工结算后的 28 天之内，将竣工结算报告书及电子版一份报市建设工程造价管理机构备案。

第三十二条 对已经办完竣工结算的工程，发包人应当按照合同的约定期限支付全部竣工结算价款。若合同没约定或约定不明确的，其支付期限为办完竣工结算之日起的 28 天之内。

第三十三条 发承包双方发生的经济纠纷可先行协商；若双方协商不成，可委托调解；当事人也可以按照合同的约定直接申请仲裁或向人民法院提起诉讼。

第三十四条 工程竣工验收合格后，发承包双方应当签订工程质量保修书，按照工程结算价（不含设备费）及有关规定协商预留质量保证金的比例并在保修书中约定，发包人可按照保修书的约定分次结算并返还质量保证金，当承包人履行完工程缺陷责任期内的保修义务，并办理了缺陷责任期终止手续，发包人应当于 14 天之内向承包人返还剩余的质量保证金。发包人不得拖欠和克扣质量保证金。

第三十五条 劳务作业发包人在取得工程进度款和竣工结算价款中，应当优先支付劳务分包价款，劳务作业承包人在取得劳务分包价款后，应当优先支付农民工工资。

第五章 监 督 管 理

第三十六条 市住房城乡建设委依据现行法律、法规、规章、规范性文件、标准、规范、计价办法的有关规定，监督检查建筑市场主体的工程造价计价行为。

第三十七条 造价监督检查采取定期抽查和集中检查，专项检查和综合检查相结合等方式，对同一工程项目的发包人、承包人、造价咨询企业分别进行检查。

被检查单位和个人应当给予配合，并按照要求提供相关证照和资料，对检查涉及的有关问题做出说明和解释。

第三十八条 工程造价监督检查内容主要包括：

（一）咨询企业资质证书、咨询合同；

（二）发包人、承包人、咨询企业的造价专业人员资格证书；

（三）工程造价计价行为情况；

1.《建设工程工程量清单计价规范》强制性条款的执行情况；

2. 现行计价依据、计价办法的执行情况；

3. 招标控制价或工程标底的各项取费费率的执行情况；

4. 工程建设的主要材料、人工及机械等风险范围及幅度的约定情况；

5. 安全文明施工费相关规定的执行情况；

6. 规费相关规定的执行情况；

7. 压缩工期增加费和抢工措施费的计取情况；

8. 工程预付款、进度款、质量保证金标准的约定情况；

9. 工程量、工程款的计算、申报、审核、支付是否违反合同的约定和有关规定；

（四）其他应当检查的内容。

第三十九条 发包人、承包人有下列行为之一的，视情节轻重，进行约谈，责令改正，依法进行处罚处理，作为不良行为在市建筑市场公开信息平台上公示。

（一）委托无相应资质单位或相应资格人员编制、审核工程造价成果文件的；

（二）未按照现行法律、法规、规章、规范性文件、计价办法的有关规定计价的；

（三）未按照规定计算压缩工期增加费和抢工措施费的；或压缩的工期天数超过定额工期30％的；

（四）违反《建设工程工程量清单计价规范》强制性条款规定，故意压低招标控制价或工程标底的；

（五）工程建设的人工、材料、设备、机械等价格未按照市场价格调整的，或施工合同未约定价格风险范围及幅度的；

（六）未按照规定计算、使用、管理安全文明施工费的；或未按照规定计算和上缴规费与农民工工伤保险的；

（七）未按照本规定即时签字确认涉及调整工程价款的变更洽商的；

（八）未按照本规定调整措施费的；

（九）未按照合同约定和有关规定办理工程价款结算、支付的；

（十）未按照本规定及合同的约定返还剩余质量保证金的；

（十一）劳务作业发、承包人违反本规定第三十五条规定的；

（十二）未按照本规定办理招标控制价、竣工结算报告书备案的；

（十三）使用的工程计价软件违反本规定第十三条规定的；

（十四）未按照造价咨询合同约定支付造价咨询费用的；

（十五）发包人或承包人不配合监督检查的；

（十六）其他违反相关规定行为的。

第四十条 造价咨询企业有下列行为之一的，视情节轻重，进行约谈，责令改正，依法进行处罚处理，依照有关规定给予记分及积分处理。

（一）未按照现行法律、法规、规章、规范性文件、计价办法的有关规定计价的；

（二）承接工程造价编制、审核任务的咨询企业资质及人员资格不符合本规定第十条相应规定的；

（三）未按照有关规定报送统计报表与经营业绩等相关资料的；

（四）因造价咨询企业原因未按照造价咨询合同约定期限完成造价咨询业务的；

（五）使用的工程计价软件违反本规定第十三条规定的；

（六）在协助解决工程造价纠纷的鉴证咨询业务中接受当事人请托的；

（七）其他违反相关规定行为的。

第四十一条 注册造价工程师、造价员有下列行为之一的，视情节轻重，进行约谈，责令改正，依法进行处罚处理，依照有关规定给予记分及积分处理。

（一）未按照现行法律、法规、规章、规范性文件、计价办法的有关规定计价的；

（二）违反本规定第十条相应规定的；

（三）在造价咨询活动中有欺诈、伪造、作假行为的；

（四）散布谣言诋毁同行并造成一定影响；或采取不正当手段损害、侵犯同行权益的；

（五）泄漏从业单位技术和商业秘密，对从业单位造成一定影响的；

（六）其他违反相关规定行为的。

第四十二条 国家机关工作人员在建设工程造价活动的监督管理工作中玩忽职守、滥用职权、徇私舞弊的，根据情节轻重，依照现行法律法规的有关规定给予相应处理。

第六章 附 则

第四十三条 采用工程总承包方式的建设项目，其施工总承包的造价管理可参照本规定执行。

第四十四条 本规定自2011年7月1日施行。

1.5 关于贯彻执行2009年《北京市建设工程工期定额》和2009年《北京市房屋修缮工程工期定额》有关问题的通知

京建发〔2010〕255号

各有关单位：

为加强建设工程和房屋修缮工程施工工期管理，确保工程的质量和安全，结合我市实际情况，现就贯彻执行2009年《北京市建设工程工期定额》和2009年《北京市房屋修缮工程工期定额》（以下简称工期定额）有关问题通知如下：

一、工期定额是编制工程招标文件、签订工程施工合同、合理确定工期的依据；也是施工企业编制施工组织设计、确定投标工期，安排施工进度的参考依据。

二、工期定额的工期天数（以下简称定额工期）是指工程自开工之日起至完成合同约定的全部工程内容，符合合同约定竣工验收条件，提交竣工验收申请报告之日止的全部施工日历天数。

三、招标人应当依据工期定额计算施工工期，并在招标文件中注明。招标人要求施工工期小于定额工期时，必须在招标文件中明示增加费用，压缩的工期天数不得超过定额工期的30%。超过30%，视为发包人任意压缩合理工期，依照《建设工程质量管理条例》处理。

四、招标文件中要求的工期小于定额工期时，在编制招标控制价（标底）时，招标人应根据工期要求编制按期完成并保证工程质量和安全的施工方案，据此方案计算压缩工期增加费；未编制施工方案的按照以下原则确定压缩工期增加费。

（一）压缩定额工期在5%以内时，工期每压缩一天按工程造价（不含设备费，下同）

乘以以下比例计算：建筑工程、轨道交通工程 0.2‰；市政工程、房屋修缮工程 0.6‰。但压缩工期增加费最多不超过工程造价 2%。

（二）压缩定额工期在 5%～10%以内时，压缩的全部工期天数每压缩一天按工程造价乘以以下比例计算：建筑工程、轨道交通工程 0.4‰；市政工程、房屋修缮工程 1‰。但压缩工期增加费最多不超过工程造价 3%。

五、招标人压缩定额工期超过 10%时，招标人应组织相关专业的专家对施工方案进行可行性论证，并承担保证工程质量和安全的责任。

在编制招标控制价（标底）时，招标人应根据论证后的方案计算压缩工期增加费和抢工措施费；未编制施工方案的按以下原则确定压缩工期增加费和抢工措施费：压缩定额工期 10%以内的天数按本通知第四、（二）条计算压缩工期增加费；10%以外的天数，工期每压缩一天按工程造价乘以以下比例计算抢工措施费：建筑工程、轨道交通工程 1‰；市政工程、房屋修缮工程 3‰。

六、招标人计算的压缩工期增加费、抢工措施费单独列项，只计取税金并计入总价。

七、投标人在投标时，要响应招标文件中要求的工期。招标文件中要求的工期小于定额工期时，在投标文件的施工组织设计中要有按期完成并保证工程质量和安全的相应施工方案。并承担保证工程质量和安全的责任。

压缩工期增加费和抢工措施费应按施工方案进行报价并单独列项，计入总报价。该费用不得作为让利因素。

八、工程实际竣工日期的确定原则：

（一）建设工程经竣工验收合格的，以竣工验收合格之日为竣工日期。

（二）承包人已经提交竣工验收报告，发包人拖延验收的，以承包人提交竣工验收报告之日为竣工日期。

（三）建设工程未经竣工验收，发包人擅自使用的，以转移占有建设工程之日为竣工日期。

九、工程未按合同中约定的时间开工，或工程实际竣工日期与合同约定的竣工日期不符时，发、承包双方应在合同约定的时间内办理书面确认手续。由此带来的损失由责任方承担。

十、对于工期定额中缺项的工程项目，由发包人组织有关专家论证并确定确保工程质量安全的合理工期，报送北京市建设工程造价管理处。

十一、直接发包的工程，发包人和承包人应当按照本通知的规定执行。

十二、工期定额自 2010 年 1 月 1 日起实施。2010 年 1 月 1 日前招标文件已经备案或已签订合同的工程不再调整。本通知自 2010 年 7 月 1 日起实施。

二〇一〇年五月十日

1.6 2005 年《北京市房屋修缮工程预算定额》说明解释（第八号）

一、土建结构分册

（一）拆除渣土运至 30m 以外指定地点，定额如何执行？

答：定额已含拆除的可用材料和渣土废弃材料运至 30m 以内指定地点。超过 30m 时，如渣土由甲方负责外运，施工单位可借用 2-33“余亏土运输一每增减 50m”子目；如渣土由施工方负责外运，则已包含在 11-11、11-12“渣土运输”子目中，不再列项计取。

（二）粘接碳纤维时，搭接部分是否计算面积？

答：定额中已考虑了搭接面积，不再重复计算。

（三）计算拆除工程渣土量时，3%的建筑垃圾量是否含在渣土量体积中？

答：不再计算 3%的建筑垃圾量。

二、装饰装修分册

（一）楼梯间装饰面层新做工程量如何计算？

答：楼梯间各种面层工程量按楼梯间净水平投影面积以平方米为单位计算（包括踏步和平台）。

（二）腰线抹水泥砂浆工程量如何计算？

答：腰线抹水泥砂浆工程量按实做长度以米为单位计算，执行 2－59“窗套腰线抹水泥砂浆”子目。

（三）黑板框油漆工程量如何计算？

答：按黑板框长度以米为单位计算。

三、古建筑分册

（一）古建筑修缮定额中的干摆、丝缝砌筑墙面包括转头、八字、透风的砍制，是否包括透风刻花？

答：不包括雕饰的透风砖，带雕饰应另行计算。

（二）古建筑木装修油漆中坐凳楣子油漆项目，是否包含坐凳面油漆？

答：不包括坐凳面油漆。

（三）计算建筑面积时遇到建筑物本身与台明分界线不明确时，应如何计算建筑面积？

答：建筑面积应按建筑物台明外边线水平面积计算。如果建筑物无台明的以围护结构水平面积计算建筑面积，围护结构外有檐廊柱的，按檐廊柱外边线水平面积计算，围护结构外边线未及构架柱外边线的，按构架柱外边线计算。

四、暖卫分册

（一）给排水管道拆除是否包含支架拆除？

答：已包括。

（二）结构剔透眼定额是否适用于水钻打洞？

答：不适用。如实际发生，应根据京造修【2006】5 号文件编制补充定额。

（三）结构剔槽修复应如何执行定额？

答：执行《装饰装修分册》相应定额子目。

五、电气分册

（一）配管、电缆及金属桥架拆除是否包含支架拆除？

答：配管拆除定额已包括了支持物的拆除，电缆及金属桥架拆除定额未包括支架的拆除。

（二）灯具安装时在吊顶上开灯孔、灯槽如何执行定额？

答：灯具安装项目中未包括吊顶上灯孔开槽、开孔，发生时执行《装饰装修分册》相应定额子目。

1.7 关于贯彻实施《房屋修缮工程工程量清单计价规范》的通知

京造修〔2009〕8号

各区县建委房管局、各集团总公司、各有关单位：

北京市《房屋修缮工程工程量清单计价规范》（DB11/T638—2009）（以下简称《房修计价规范》）已于2009年2月6日由北京市住房和城乡建设委员会与北京市质量技术监督局联合发布，自2009年5月1日起实施。现根据《关于发布北京市地方标准〈房屋修缮工程工程量清单计价规范〉的通知》（京建科教〔2009〕104号）文件精神，就本市贯彻实施《房修计价规范》提出以下意见：

一、本市行政区域内的房屋修缮工程工程量清单计价活动，执行《房修计价规范》和本通知。

工程量清单计价活动包括：工程量清单、招标控制价、投标报价的编制，工程合同价款的约定、施工过程中工程计量、工程价款调整及竣工结算办理等活动。

工程量清单计价活动应遵循客观、公正、公平的原则，除应遵守《房修计价规范》外，还应符合国家现行有关标准的规定。

二、全部使用国有资金投资或使用国有资金投资为主的各类房屋建筑及其附属设施的修缮工程项目应执行《房修计价规范》；使用住宅专项维修资金的修缮工程项目宜执行《房修计价规范》。其他修缮工程项目，若采用工程量清单计价方式亦应执行《房修计价规范》。

三、房屋修缮工程工程量清单是指房屋修缮工程的分部分项工程项目、措施项目、其他项目、规费项目、税金项目的名称和相应数量等的明细清单。工程量清单是工程量清单计价的基础，应作为编制招标控制价、投标报价、计算工程量、支付工程价款、调整合同价款、办理竣工结算等的依据之一。

采用工程量清单方式招标，工程量清单必须作为招标文件的组成部分，其准确性和完整性由招标人负责。招标文件中的工程量清单标明的工程量是投标人投标报价的共同基础，工程计量及竣工结算的工程量，按发、承包双方在合同中约定应予计量且实际完成的工程量确定。发、承包双方应在合同中对工程量的计量时间、程序、方法和要求作出明确约定。

工程量清单中漏项、工程量计算偏差、工程洽商（含设计变更）应在施工过程中随施工进度进行计量，并应按实际完成的工程量计算。

漏项是指在承包范围内合同、图纸中有工作内容，计价规范中有单独列项的要求，或按计价规范要求应当单独列项，但工程量清单中没有单独列项的项目。

四、采用工程量清单计价，其工程造价由分部分项工程费、措施项目费、其他项目费、规费和税金组成。

分部分项工程量清单计价应采用综合单价。

措施项目清单计价应根据拟修缮工程的施工组织设计，可以计算工程量的措施项目，应按分部分项工程量清单的方式采用综合单价计价；其余的措施项目可以“项”为单位的方式计价，综合单价应包括除规费、税金以外的全部费用。

规费项目清单应按照住房公积金、基本医疗保险金、养老保险费、失业保险基金、工伤保险基金、残疾人就业保障金和危险作业意外伤害保险等内容编制，并应随北京市政府和有关部门的规定变化而进行调整。

在编制招标控制价（或标底）时，参照北京市建设行政主管部门颁发的计价定额中的费率计算。投标人在投标报价时，应根据有关文件规定结合本企业缴费情况自行确定。

税金应按照北京市建设行政主管部门颁发的计价定额中的费率计算，并应随国家税务部门的规定变化而进行调整。

规费与税金不得作为竞争性费用。

五、综合单价是指完成一个规定计量单位的分部分项工程量清单项目或措施清单项目所需的人工费、材料费、施工机械使用费和企业管理费与利润以及一定范围内的风险费用。

（一）综合单价的编制

招标控制价应根据《房修计价规范》、北京市建设行政主管部门颁发的计价定额和计价办法、《北京工程造价信息》和设计文件等进行编制。

投标报价应根据《房修计价规范》、企业定额和市场价格，或参照本市现行的计价定额及《北京工程造价信息》等进行编制。

对于漏项或新增项目等需要重新确定的综合单价（合同中没有适用或类似的综合单价），发、承包双方必须在合同中对以下内容进行约定：消耗量确定的依据；人工、材料、机械单价的确定原则；综合单价中管理费、利润、风险费的取费标准等。若合同中未作约定时，新增项目综合单价按以下原则执行：

1. 消耗量：可依据现行定额相关项目及有关规定的消耗量确定；

2. 人工、材料、机械价格：按发、承包双方确认的市场价格或参照施工期《北京工程造价信息》中的价格确定；

3. 综合单价中各项取费标准：按原投标费率确定。

（二）综合单价调整

1. 综合单价中风险范围及幅度的约定

采用工程量清单计价的工程，应在招标文件或合同中明确风险内容及其范围、幅度，不得采用无限风险、所有风险或类似语句规定风险范围及幅度。主要材料以及人工和机械风险幅度建议在±3％～±6％区间内考虑。

2. 风险幅度变化的确定

变化幅度应以《北京工程造价信息》中的市场信息价格（以下简称造价信息价格）为依据，造价信息价格中有上、下限的，以下限为准，造价信息价格中没有的，按发、承包人共同确认的市场价格为准。

施工期市场价格以发、承包人共同确认的价格为准。若发、承包人未能就共同确认价格达成一致，可以参考造价信息价格。

当投标报价时的单价低于投标报价期对应的造价信息价格时，按施工期确认价格或对应的造价信息价格与投标报价期对应的造价信息价格计算其变化幅度；当投标报价时的单价高于投标报价期对应的造价信息价格时，按施工期确认价格或对应的造价信息价格与投标报价时的价格计算其变化幅度。

3. 超过风险幅度的调整

发、承包人应当在施工合同中约定市场价格变化幅度超过合同约定幅度的调整办法，可采用加权平均法、算术平均法或其他计算方法。

主要材料和机械市场价格的变化幅度小于或等于合同中约定的价格变化幅度时，不做调整；变化幅度大于合同中约定的价格变化幅度时，应当计算超过部分的价差，其价差由发包人承担或受益。人工市场价格的变化幅度小于或等于合同中约定的价格变化幅度时，不做调整；变化幅度大于合同中约定的价格变化幅度时，其价差全部由发包人承担或受益。

人工、材料和机械计算后的差价只计取税金。

4. 由于非承包人原因引起的工程量增减，该项工程量变化在合同约定幅度以内的，应执行原有的综合单价；该项工程量变化在合同约定幅度以外的，其综合单价应予以调整。发、承包双方应在合同中明确约定工程量变化幅度以及超过约定幅度时的调整方法。

六、措施项目费的调整

因分部分项工程量清单漏项或非承包人原因的工程变更，引起措施项目发生变化，造成施工组织设计或施工方案变更，原措施费中已有的措施项目，按原措施费的组价方法调整；原措施费中没有的措施项目，由承包人根据措施项目变更情况，提出适当的措施费变更，经发包人确认后调整。

七、暂估价

（一）材料暂估价

投标报价时，应按招标人在其他项目清单中列出的单价计入综合单价；编制竣工结算时，若是招标采购的，应按中标价调整；若为非招标采购的，应按发、承包双方最终确认的材料单价调整。材料暂估价价差只计取税金。

（二）专业工程暂估价

专业工程暂估价中应包括专业工程施工过程中发生的措施项目费。投标报价时，按招标人在其他项目清单中列出的金额填写。编制竣工结算时，若是通过招标采购的，分包费按中标价计算；若是非招标分包的，按发、承包双方与分包人最终确认的结算金额计算。发、承包双方应在合同中约定其结算原则。

（三）待定变更项目应按招标人在其他项目清单中列出的项目单独填报，不计入投标总价中。若施工中某工程洽商（含设计变更）的项目，其项目特征与待定变更项目中的项目一致时，工程量按实际完成计量，综合单价按待定变更项目中所报的综合单价计算。

八、工程量清单、招标控制价应由具有编制能力的招标人或受其委托具有相应资质的工程造价咨询人编制；投标报价应由投标人或受其委托具有相应资质的工程造价咨询人编制。

九、实行工程量清单计价的工程，宜采用单价合同。

十、发、承包双方对工程价款的调整等事项，应在合同文件中进行明确约定。

十一、工程完工后，发、承包双方应在合同约定时间内办理竣工结算。竣工结算办理完毕后28日内，发包方应将竣工结算书及电子版各一份报北京市建设工程造价管理处备案。

十二、北京市建设工程造价管理处可受理发、承包双方书面共同委托的房屋修缮工程造价经济纠纷的调解工作。

十三、本通知自2009年7月1日起执行。

1.8 关于调整2001年《北京市建设工程预算定额》规费计算方法的有关规定

京造定〔2009〕6号

各有关单位：

为适应建筑市场发展的需要，根据北京市人民政府和有关部门关于规费计取的有关规定及国家标准《建设工程工程量清单计价规范》（GB 50500—2008）的实施，结合我市实际情况，依据《关于颁发2001年〈北京市建设工程预算定额〉的通知》（京建经〔2001〕664号）（以下简称预算定额）。现对预算定额中规费的计算方法及相应费用、费率进行调整如下：

一、规费计算的原则和依据

规费是指政府及有关部门规定必须缴纳的费用。应按照国家或本市政府和有关部门的规定计算，足额上缴。

发包方在编制招标文件以及发承包双方签订施工合同时，不得将规费作为竞争性费用。

招标人在编制招标控制价（或标底）时，应按照本规定第二条规定计算。

预算定额中规费包括的内容和计算的主要依据如下：

1. 住房公积金：北京市实施《住房公积金管理条例》若干规定（北京市人民政府第164号令）、《北京市住房公积金缴存管理办法》（北京市住房公积金京房公积金管委会〔2006〕2号）、“关于2008住房公积金年度住房公积金缴存有关问题的通知”（京房公积金管委会〔2008〕1号）。

2. 基本医疗保险基金：《北京市基本医疗保险规定》（北京市人民政府第158号令）。

3. 基本养老保险费：《北京市基本养老保险规定》（北京市人民政府第183号令）、《关于贯彻实施〈北京市基本养老保险规定〉有关问题的通知》（京劳社养发〔2007〕29号）。

4. 失业保险基金：《北京市失业保险规定》（北京市人民政府第190号令）。

5. 工伤保险基金：《北京市实施〈工伤保险条例〉办法》（北京市人民政府第140号令）、《关于做好北京市建筑业农民工参加工伤保险工作的通知》（京劳社工发〔2006〕138号）。

6. 残疾人就业保障金：《北京市人民政府关于印发北京市残疾人就业保障金征缴管理办法的通知》（京政发〔2006〕18号）。

7. 生育保险：《北京市企业职工生育保险规定》（北京市人民政府第154号令）。

二、规费的计算方法

规费＝人工费×费率。

规费费率详见规费（附表一）。

人工费包括按定额计算的市场人工费和其他人工费之和。

规费应单独列项，只计取税金。

上述计算的规费包括：

1. 本企业在职职工和聘用农民工上缴的费用。

2. 本市行政区域内从事建设项目施工的建筑业企业农民工的工伤保险费用。

三、预算定额中与规费有关的费用调整

按上述方法计算规费后，原预算定额中有关内容做相应调整：

1. 定额人工费单价中不再包括养老保险和医疗保险费。

2. 现场经费中不再包括项目经理部工作人员工资中养老保险和医疗保险费。调整后的现场经费费率详见现场经费（附表二）。

3. 企业管理费中不再包括社会保障等费用。调整后的企业管理费费率详见企业管理费（附表三）。

四、本规定自2009年5月1日起实施。2009年5月1日前招标文件已经备案或已签订合同的工程仍按原规定执行。预算定额中规费有关计算方法与本规定不符的按本规定执行，其他内容仍按预算定额相关规定执行。

附件：附表一：规费

附表二：现场经费

附表三：企业管理费

二〇〇九年四月三十日

附表一：规费

定额编号	项目		计费基数	费率（%）
5-1	建筑工程		人工费	24.09
5-2	市政工程			26.50
5-3	庭院、绿化工程			20.19
5-4	地铁工程	土建、轨道工程		22.89
5-5		通信、信号、供电、机电、人防工程		27.18

注：装饰、安装、构筑物、钢结构、独立土石方、地下降水、桩基础、仿古工程执行建筑工程费率。

附表二：现场经费

定额编号	项目				计费基数	费率（%）
1-15	建筑工程	单层建筑	檐高	16m以上	直接费	4.08
1-16				16m以下		3.64
1-17		住　宅		25m以上		4.25
1-18				25m以下		3.90
1-19		公共建筑		25m以上		4.69
1-20				25m以下		4.17

续表

<table>
<tr><th>定额编号</th><th colspan="4">项　　目</th><th>计费基数</th><th>费率（%）</th></tr>
<tr><td>1-21</td><td colspan="4">装饰工程</td><td>人工费</td><td>24.71</td></tr>
<tr><td>1-22</td><td colspan="2" rowspan="2">构筑物</td><td rowspan="2">高度</td><td>10m 以上</td><td rowspan="6">直接费</td><td>4.00</td></tr>
<tr><td>1-23</td><td>10m 以下</td><td>3.39</td></tr>
<tr><td>1-24</td><td colspan="4">钢结构</td><td>1.73</td></tr>
<tr><td>1-25</td><td colspan="4">独立土石方、地下降水工程</td><td>3.12</td></tr>
<tr><td>1-26</td><td colspan="4">桩基础</td><td>3.47</td></tr>
<tr><td>1-27</td><td colspan="4">仿古建筑</td><td>4.25</td></tr>
<tr><td>1-28</td><td rowspan="5">安装工程</td><td rowspan="2">住宅</td><td rowspan="4">檐高</td><td>25m 以上</td><td rowspan="5">人工费</td><td>28.52</td></tr>
<tr><td>1-29</td><td>25m 以下</td><td>22.81</td></tr>
<tr><td>1-30</td><td rowspan="2">公共建筑</td><td>25m 以上</td><td>32.32</td></tr>
<tr><td>1-31</td><td>25m 以下</td><td>25.67</td></tr>
<tr><td>1-32</td><td colspan="3">其他</td><td>29.47</td></tr>
<tr><td>1-33</td><td rowspan="5">市政工程</td><td colspan="3">道路</td><td rowspan="5">直接费</td><td>4.59</td></tr>
<tr><td>1-34</td><td colspan="3">桥梁</td><td>4.42</td></tr>
<tr><td>1-35</td><td colspan="3">给水</td><td>3.12</td></tr>
<tr><td>1-36</td><td colspan="3">排水</td><td>4.34</td></tr>
<tr><td>1-37</td><td colspan="3">燃气、热力</td><td>3.64</td></tr>
<tr><td>1-38</td><td colspan="4">绿化工程</td><td>人工费</td><td>13.31</td></tr>
<tr><td>1-39</td><td colspan="4">庭园工程</td><td>直接费</td><td>3.56</td></tr>
<tr><td>1-6</td><td rowspan="5">地铁工程</td><td rowspan="2">土建工程</td><td colspan="2">区间</td><td rowspan="3">直接费</td><td>4.04</td></tr>
<tr><td>1-7</td><td colspan="2">车站</td><td>3.33</td></tr>
<tr><td>1-8</td><td colspan="3">轨道工程</td><td>2.34</td></tr>
<tr><td>1-9</td><td colspan="3">通信、信号工程</td><td rowspan="2">人工费</td><td rowspan="2">29.47</td></tr>
<tr><td>1-10</td><td colspan="3">人防、机电工程</td></tr>
</table>

附表三：企业管理费

<table>
<tr><th>定额编号</th><th colspan="4">项　　目</th><th>计费基数</th><th>费率（%）</th></tr>
<tr><td>2-1</td><td rowspan="6">建筑工程</td><td colspan="3">单层建筑</td><td rowspan="6">直接费</td><td>4.06</td></tr>
<tr><td>2-2</td><td rowspan="2">住宅</td><td rowspan="5">檐高</td><td>25m 以下</td><td>4.01</td></tr>
<tr><td>2-3</td><td>25m 以上</td><td>4.38</td></tr>
<tr><td>2-4</td><td rowspan="3">公共建筑</td><td>25m 以下</td><td>4.08</td></tr>
<tr><td>2-5</td><td>45m 以下</td><td>4.87</td></tr>
<tr><td>2-6</td><td>45m 以上</td><td>5.24</td></tr>
<tr><td>2-7</td><td colspan="4">装饰工程</td><td>人工费</td><td>35.10</td></tr>
</table>

续表

定额编号	项目				计费基数	费率（%）
2-8	构筑物	混凝土烟囱、水塔、筒仓及500m³以上水池			直接费	4.51
2-9		其他				3.73
2-10	钢结构					1.73
2-11	独立土石方、地下降水工程					2.87
2-12	桩基础					2.80
2-13	仿古建筑					4.23
2-14	安装工程	住宅	檐高	25m以下	人工费	34.32
2-15				25m以上		38.97
2-16		公共建筑		25m以下		37.47
2-17				45m以下		43.69
2-18				45m以上		48.33
2-19		其他				42.11
2-20	市政工程	道路			直接费	4.38
2-21		桥梁				4.08
2-22		给水				3.37
2-23		排水				4.16
2-24		燃气、热力				3.73
2-25	绿化工程				人工费	13.39
2-26	庭园工程				直接费	3.58
2-1	地铁工程	土建工程	区间		直接费	3.69
2-2			车站			3.91
2-3		轨道工程				2.15
2-4		通信、信号工程			人工费	42.11
2-5		人防、机电工程				

第2章 天 津 地 区

2.1 天津市2013年一季度人工费计价及规费计取基数调整系数

计价基数	计价系数	规费计取基数调整系数
2008 预算基价人工单价	1.798	0.906
2012 预算基价人工单价	1.040	0.963

本系数根据市建交委《关于建设工程人工费计价有关问题的通知》(建筑［2011］249号)文件测算、发布。

天津市建设工程定额管理研究站

二〇一三年四月

2.2 天津市2012年四季度人工费计价系数

计价系数	计取基数
1.786	08 预算基价人工工日单价

说明:

1. 本系数根据市建交委《关于建设工程人工费计价有关问题的通知》(建筑［2011］249号)文件测算、发布。

2. 规费计取基数调整系数为0.89。

天津市建设工程定额管理研究站

二〇一三年一月

2.3 天津市2012年三季度人工费计价系数

计价系数	计取基数
1.738	08 预算基价人工工日单价

说明:

1. 本系数根据市建交委《关于建设工程人工费计价有关问题的通知》(建筑［2011］249号)文件测算、发布。

2. 规费计取基数调整系数为0.91。

天津市建设工程定额管理研究站

二〇一二年十月

2.4 天津市基价调整——2012年二季度人工费计价系数

计价系数	计取基数
1.756	08预算基价人工工日单价

说明：

1. 本系数根据市建交委《关于建设工程人工费计价有关问题的通知》（建筑［2011］249号）文件测算、发布。

2. 按本系数调整人工单价后，规费计取基数按调整后人工费合计乘0.90计算。

天津市建设工程定额管理研究站

二〇一二年七月

2.5 天津市2012年一季度人工费计价系数

计价系数	计取基数
1.72	08预算基价人工工日单价

说明：

1. 本系数根据市建交委《关于建设工程人工费计价有关问题的通知》（建筑［2011］249号）文件测算、发布。

2. 按本系数调整人工单价后，规费计取基数按调整后人工费合计乘0.92计算。

天津市建设工程定额管理研究站

二〇一一年十二月

2.6 天津市城乡建设和交通委员会二〇一〇年十一月十九日关于印发《天津市市政工程造价估算指标》的通知

建筑［2010］1009号

各有关单位：

为合理确定和有效控制工程造价，加大建设工程造价动态管理，满足市政公用设施建设对工程造价估算的需求，依据各类典型工程预结算资料和不同结构类型市政工程造价分析，编制完成了《天津市市政工程造价估算指标》（DBD29-441-2010），现已印发。自印发之日起施行。

特此通知

二〇一〇年十一月十九日

2.7 天津市城乡建设和交通委员会文件

建筑［2010］622号

各有关单位：

为规范建筑市场劳务秩序，完善劳务分包制度，维护建筑施工劳务人员合法权益，保证工程质量和施工安全，根据《国务院关于解决农民工问题的若干意见》（国发〔2006〕5号）及我市有关规定，结合我市劳务市场实际，编制完成了《天津市建筑工程劳务计价规程》，现予以印发，供建筑劳务承、发包双方参照使用。

《天津市建筑工程劳务计价规程》由天津市建设工程定额管理研究站负责解释。

特此通知。

天津市城乡建设和交通委员会

二〇一〇年七月二十七日

2.8 关于印发《天津市建设工程造价管理办法》的通知

建筑［2010］413号

各区县建委，各局、集团总公司，各有关单位：

为加强我市建设工程造价管理，合理确定和有效控制建设工程造价，规范建设工程造价计价行为，维护工程建设各方主体合法权益，促进建筑市场的健康发展，保证建设工程质量安全。根据国家有关规定并结合我市实际情况，我们制定了《天津市建设工程造价管理办法》，现印发给你们，请遵照执行。

特此通知

二〇一〇年五月十九日

2.9 天津市建设工程造价管理办法

第一章 章 则

第一条 为加强建设工程造价管理，规范建设工程造价计价行为，维护工程建设各方合法权益，保证工程造价的合理调整与结算，促进建筑市场的健康发展，根据国家有关法律、法规，结合本市实际，制定本办法。

第二条 在本市行政区域内从事建设工程造价及监管活动，适用本办法。

国家另有规定或由国务院有关行业部门负责管理的，从其规定，也可参照本办法的有关规定。

第三条 建设工程造价是指建设项目从立项到竣工交付使用所需的全部费用。在不同阶段体现为投资估算、初步设计概算、施工图预算、竣工结算。包括建筑安装工程费、设备及工具购置费、工程建设其他费、预备费和国家规定应计入工程造价的其他有关费用。其中建筑安装工程费是指建设项目实施阶段发、承包双方在施工合同中约定的工程价格。

第四条 建设工程造价应在政府宏观调控下，由市场竞争形成。工程建设各方从事造价活动，应遵循公平、公正、合法和诚信的原则。

第五条 市建设行政主管部门对全市建设工程造价及相关活动实施统一管理，并履行下列职责：

（一）负责本市建设工程造价计价依据的编制、修订、补充和解释；

（二）建立并完善建设工程造价数据库，发布建设工程造价信息；

（三）负责建设工程造价咨询企业资质和造价从业人员资格的监督管理；

（四）对建设工程造价相关活动进行监督管理；

（五）建立造价咨询企业和从业人员信用评价体系；

（六）调解建设工程有关造价问题的争议；

（七）法律、法规规定的其他职责。

市建设工程定额管理研究站负责建设工程造价的日常管理工作。

第二章 计 价 依 据

第六条 建设工程造价计价依据主要包括估算指标、概算定额、预算基价（定额）、计价指引、费用标准、工期定额、计价规则及工程计价的有关文件、办法。

第七条 市建设工程定额管理研究站根据国家标准和规范，结合本市实际组织编制计价依据。

各专业定额站在市建设工程定额管理研究站的委托和指导下，编制各专业工程计价依据。

第八条 施工企业可根据相关的法律、法规、规范、计量规则和编制原则自行编制能反映本企业技术及管理水平的企业定额，用于投标报价和成本核算。

第九条 建设工程实施过程中需要对采用新材料、新工艺、新技术予以补充计价依据的，相关单位应提供新项目的计价资料和数据，由市建设工程定额管理研究站负责编制，市建设行政主管部门审定颁发。

第十条 市建设工程定额管理研究站对工程造价实行动态管理，根据市场变化，依据国家和本市有关办法定期公布人工、材料、机械台班价格信息和建设工程造价指数。

第三章 工程造价确定与控制

第十一条 建设工程造价应当按建设程序分阶段合理确定，有效控制。计价内容包括投资估算、初步设计概算、施工图预算、招标控制价、投标报价、合同价和竣工结算。其中投资估算控制初步设计概算，初步设计概算控制施工图预算，招标控制价控制投标报价。

第十二条 建设项目可行性研究阶段的投资估算，应当在优化建设方案的基础上，根据建设规模、建设标准、建设工期、主要设备选型，依据国家和本市有关投资估算指标并综合建设期设备、材料价格和利率、汇率等动态因素估足投资，不留缺口。

第十三条 建设项目初步设计概算应根据经批准的可行性研究报告及投资估算，在优化设计方案的基础上，依据初步设计文件和概算编制期的计价依据，并综合建设期的设备、材料价格、建设工期和利率、汇率等动态因素编制。

全部使用国有资金投资或国有资金投资为主的工程建设项目，经批准的总概算应作为建设项目的最高限价。

第十四条 建设工程施工图预算应在批准的初步设计概算中的建筑安装工程费范围内，按照批准的设计文件、相应的计价依据和施工组织设计或施工方案编制。

第十五条 全部使用国有资金投资或国有资金投资为主的工程建设项目招标投标，必须采用工程量清单计价方法计价；非国有资金投资的工程建设项目、依法不招标的工程建设项目，可以采用工程量清单或施工图预算计价，鼓励采用工程量清单计价方式计价。

第十六条 工程量清单应依据本市现行计价依据规定的项目编码、项目名称、项目特征、计量单位、计量规则和施工图设计图纸、有关标准、规范、招标文件，结合施工现场情况、工程特点及施工方案等进行编制。

工程量清单须作为招标文件的组成部分，其准确性和完整性由招标人负责。

第十七条 全部使用国有资金投资或国有资金投资为主的工程建设项目应编制招标控制价。

招标控制价应根据《天津市建设工程计价办法》、天津市建设工程各专业预算基价、天津市建设工程各专业计价指引和相应造价信息，结合招标文件中的工程量清单及有关要求、建设工程设计文件及相关资料、施工现场情况、工程特点、施工常规做法以及与建设工程项目有关的标准、规范、技术资料编制。

（一）人工、材料、机械台班价格应按照《天津市建设工程计价办法》的规定计算，不得低于同期市场平均价格。

（二）安全文明施工措施费、企业管理费、规费、利润、税金应按照各专业工程预算基价规定计算。

（三）风险费用应包括招标文件中要求投标人承担的内容及其范围和幅度。

招标控制价应在招标文件中公布，招标人应在招标控制价公布的同时，将招标控制价资料报送市建设工程定额管理研究站备查。

第十八条 投标报价应以施工设计图纸、招标文件、工程量清单、《天津市建设工程计价办法》及相应的计价依据，结合企业自身技术、管理水平和工程实际编制。

投标报价不得低于成本。

第十九条 采用工程量清单计价的工程项目，其他项目费用按下列规定：

（一）计日工按发包人签证确认的事项计算；

（二）材料暂估价及专业工程暂估价，按中标价或发、承包人最终确认价计算；

（三）总承包服务费以合同约定金额或双方确认的金额为基数计算；

（四）索赔费用依据双方确认的索赔事项和金额计算；

（五）现场签证费用依据双方确认的签证资料金额计算。

第二十条 建设工程造价中的下列费用为非竞争性费用，应按照有关规定及标准计取：

（一）养老保险；

（二）失业保险；

（三）医疗保险；

（四）工伤保险；

（五）生育保险；

（六）住房公积金；

（七）安全文明施工措施费用；

（八）国家和本市规定的其他费用。

第四章　合同价款的订立与调整

第二十一条　合同订立时，合同的主要条款应与招标文件一致。发包人应在招标文件中充分考虑施工工期、市场价格变化情况，合理确定工程合同价格及有关调整办法。

（一）建设工期在12个月以内的建设项目可采用固定单价或固定总价合同方式。采用固定价格合同方式的，发、承包人应当在合同中约定设计变更和价格调整等因素的调整方法。

（二）建设工期超过12个月的建设项目一般应采用可调价格合同方式。采用可调价格合同方式的，发、承包人应当在合同中约定人工、材料、机械台班等市场价格发生异常变化及设计变更、相关费用等因素的调整方法。

第二十二条　依法实行招标的建设工程，发、承包双方应就下列涉及工程价款结算的计价事项在合同中做出约定：

（一）工程合同价款；

（二）预付工程款的数额、支付时限以及抵扣方式；

（三）建设工程进度款的支付方式、数额以及支付时限；

（四）工程施工中发生变更时，工程价款的调整方法、索赔方式、支付时限以及支付方式；

（五）承担风险的范围、幅度以及超出约定范围、幅度的调整方法；

（六）工程竣工价款结算、结算审核与支付方式、数额以及支付时限；

（七）工程质量保证（保修）金的数额、预扣方式以及支付时限；

（八）安全文明施工措施费用的支付事项；

（九）施工工期提前或延后的奖惩办法；

（十）与履行合同、支付价款相关的担保事项；

（十一）发生工程价款纠纷的解决方法；

（十二）双方认为应当约定的其他工程造价计价事项。

非招标工程应参照上述条款由发、承包人在合同中约定相关计价事项。

第二十三条　合同签订后客观情况发生了当事人在订立合同时无法预见的、非不可抗力造成的不属于商业风险的重大变化，继续履行合同对于一方当事人明显不公平或者不能实现合同目的，发、承包人应签订补充合同或协议。

第二十四条　工程设计变更确定14天内，设计变更涉及工程价款调整的，由受益方以书面文件提出，经对方审核同意后调整合同价款。受益方未在14天内提出工程价款调整报告的，视为不涉及合同价款调整。收到工程价款调整报告的一方应在合同约定时间内确认或提出协商意见，否则视为工程价款调整报告已确认。

第二十五条 因工程量清单漏项或非承包人原因发生工程量清单增项的，其对应的综合单价按下列方法确定：

（一）工程量清单中已有适用的综合单价，按已有的综合单价确定；

（二）工程量清单中有类似的综合单价，参照类似的综合单价确定；

（三）工程量清单中没有适用或类似的综合单价，由承包人提出，经发包人确认后调整。

第二十六条 因非承包人原因引起的工程量增减，该项工程量变化在合同约定幅度以内的，应执行原有的综合单价；该项工程量变化在合同约定幅度以外的，其综合单价及措施项目费由承包人提出，经发包人确认后调整。

第五章 工程价款支付与结算

第二十七条 工程价款的支付包括预付工程款、支付工程进度款和工程价款结算。发、承包人应根据合同条款中涉及工程价款支付事项，依据国家有关规定进行支付与结算。

第二十八条 合同中约定有预付款的，发包人应按合同约定的时间和数额向承包人预付工程款，并于开工后按约定的抵扣方式扣回。发包人未按约定预付工程款的，承包人可向发包人发出书面支付通知；发包人收到通知后仍不履行合同约定预付义务的，承包人可按合同有关约定停止施工。发包人应从约定应付款之日起向承包人支付应付款的利息（利率按同期银行贷款利率计算），并承担违约责任。

第二十九条 工程开工后，发、承包人应按合同约定间隔或按月进行工程计量。承包人根据确定的工程计量结果，向发包人提出支付工程进度款申请，发包人按照合同的约定，向承包人支付工程进度款。

发包人超过约定的支付时间不能及时支付工程进度款，经承包人同意后可延期支付，并签订延期付款协议。协议应明确延期支付时间和应付款利息。

发包人不按合同约定支付工程进度款，双方又未达成延期付款协议，导致施工无法进行，承包人可停止施工，由发包人承担违约责任。

第三十条 因一方有下列情形之一导致合同不能履行的，另一方可提出或向人民法院起诉解除建设工程施工合同：

（一）未按约定支付工程价款的；

（二）提供的主要建筑材料，建筑构、配件和设备不符合强制性标准的；

（三）不履行合同约定义务的。

第三十一条 建设工程施工合同解除后，已经完成的建设工程质量合格的，发包人应当按照约定支付相应的工程价款；已经完成的建设工程质量不合格的，发包人不予支付工程价款。因一方违约给对方造成损失的，违约方应赔偿损失。

第三十二条 发包人或承包人未能按合同约定履行各自义务或发生错误，给另一方造成损失的，由受损方按合同约定提出索赔，索赔金额按合同约定或由双方协商确定。

第三十三条 工程竣工结算由承包人编制，发包人负责审查，也可以委托具有相应资质的工程造价咨询企业进行审核。实行总承包的工程，分包工程结算由具体承包人编制并提交总承包人复核汇总。工程竣工结算或建设项目竣工总结算经发、承包人签字盖章后有效。

发包人应在约定期限内审核承包人编制的竣工结算。合同无约定审核期限的，按国家和本市的有关规定执行。

第三十四条 工程造价咨询企业接受发包人或承包人委托编审工程竣工结算，出具的竣工结算报告经造价咨询企业盖章后生效，作为工程竣工决算的依据。

第三十五条 当事人对工程量有争议的，按照施工现场签证等书面文件确认。工程量确有发生，但承包人未能提供签证文件证明工程量发生的，可按双方认可的其他证据确认实际发生的工程量。

第三十六条 当事人双方对工程结算文件有争议的，可向市建设工程定额管理研究站提请调解。

当事人不愿调解或者调解不成的，可依法申请仲裁或向人民法院提起诉讼。

第六章 资质与资格管理

第三十七条 从事建设工程造价计价活动的单位和个人，应取得造价咨询企业资质证书、造价工程师注册证书和造价员资格证书方可从业。具体办法按国家和本市有关规定执行。

第三十八条 工程造价咨询企业和从业人员从事工程造价咨询活动，应当遵循独立、客观、公正、诚实信用的原则，不得损害社会公共利益和他人的合法权益。

第三十九条 建设工程造价咨询企业不得有下列行为：

（一）涂改、倒卖、出租、出借资质证书，或以其他形式非法转让资质证书；

（二）超越资质证书核定的业务范围承接工程造价咨询业务；

（三）同时接受招标人和投标人或两个以上投标人对同一工程项目的工程造价咨询业务；

（四）以回扣和恶意压低收费等方式进行不正当竞争；

（五）转包承接的工程造价咨询业务；

（六）法律、法规禁止的其他行为。

第四十条 建设工程造价从业人员不得有下列行为：

（一）在执业过程中索贿、受贿或谋取合同约定费用以外的其他利益；

（二）签署有虚假记载、误导陈述的工程造价成果文件；

（三）以个人名义承接工程造价咨询业务；

（四）同时在两个或者两个以上单位执业；

（五）涂改、倒卖、出租、出借或者以其他形式非法转让注册证书或者执业印章；

（六）法律、法规、规章禁止的其他行为。

第七章 附 则

第四十一条 本办法由天津市城乡建设和交通委员会负责解释。

第四十二条 本办法自发布之日起实施。

第3章 上 海 地 区

3.1 上海市城乡建设和交通委员会关于发布《上海市生态公益林养护预算定额（试行）》、《上海市生态公益林养护概算定额（试行）》、《上海市城市快速路养护维修预算定额》、《上海市城市道路养护维修年度经费定额》和《上海市城市斜拉桥养护维修年度经费定额》的通知

沪建交［2012］976号

各有关单位：

《上海市生态公益林养护预算定额（试行）》、《上海市生态公益林养护概算定额（试行）》、《上海市城市快速路养护维修预算定额》、《上海市城市道路养护维修年度经费定额》和《上海市城市斜拉桥养护维修年度经费定额》已编制完成，经我委会同市发展改革委和市财政局共同审核，现予以批准发布，自发布之日起施行，其中《上海市生态公益林养护预算定额（试行）》和《上海市生态公益林养护概算定额（试行）》的试行期为2年。

《上海市生态公益林养护预算定额（试行）》、《上海市生态公益林养护概算定额（试行）》由市绿化市容局和市建筑建材业市场管理总站负责组织实施和解释。《上海市城市快速路养护维修预算定额》、《上海市城市道路养护维修年度经费定额》和《上海市城市斜拉桥养护维修年度经费定额》由市路政局和市建筑建材业市场管理总站负责组织实施和解释。

上海市城乡建设和交通委员

二〇一二年八月二十八日

3.2 上海市城乡建设和交通委员会关于发布《上海市住宅用电梯维护保养预算定额》的通知

各有关单位：

为了统一本市住宅用电梯维护保养费用的计算方法，根据国家《电梯使用管理与维护保养规则（TSGT5001-2009)》和本市电梯维护保养技术管理规定，现对《上海市住宅用电梯维护保养预算定额》予以批准发布，自发布之日起施行。

《上海市住宅用电梯维护保养预算定额》由上海市建筑建材业市场管理总站负责解释。

上海市城乡建设和交通委员会

二〇一二年七月三十日

3.3 关于印发2012版《投标保证金提交与退还操作须知》的通知

沪建受〔2012〕21号

各有关单位：

依据沪建建管（2005）第65号《关于上海市工程建设项目施工投标保证金实行集中提交的通知》的有关要求，为落实《中华人民共和国招标投标法实施条例》第二十六条规定，对原2009年发布的《投标保证金提交与退还操作须知》进行修改。自2012年7月15日起，投标保证金提交与退还操作按2012版《投标保证金提交与退还操作须知》规定执行。各区县相关单位应参照执行。

特此通知。

上海市城乡建设和交通委员会业务受理服务中心

二〇一二年六月二十五日

3.4 关于发布上海市建设工程造价中的社会保障费费用标准（2012年度）的通知

沪建市管［2012］74号

各有关单位：

为贯彻落实《上海市城乡建设和交通委员会关于实施在沪施工企业外来从业人员参加城镇职工基本社会保险工作的通知》（沪建交［2012］508号）的精神，结合本市建设工程（含养护维修项目，下同）计价实际情况，现发布上海市建设工程造价中的社会保障费费用标准（2012年度）如下：

一、建设工程造价中的社会保障费，是指企业为职工（含外来从业人员）缴纳的城镇职工基本社会保险费。

二、初步设计概算、施工图预算、招标控制价、标底涉及社会保障费，应以工程人工费之和为计算基础，乘以相应各专业工程规定费率计算。其费用标准详见附件。

三、投标报价中的社会保障费应当根据项目用工情况，结合本通知费用标准，以工程人工费之和为计算基础，乘以投标人自行测算的费率并填报。

四、非招投标的工程项目，其合同价中单独列明的社会保障费，由发包人和承包人按照相关规定协商确定。

五、水利工程相关费用标准由市水务工程造价管理部门另行发布。

六、本通知自发布之日起施行。本市原建设工程造价中的社会保障费、外来从业人员综合保险费计价规定与本通知不一致之处，以本通知为准。

附件：上海市建设工程造价中的社会保障费费用标准（2012年度）

上海市建筑建材业市场管理总站

二〇一二年六月十四日

附件：

上海市建设工程造价中的社会保障费
费用标准（2012年度）

工程类别		计算基础	计算费率	备 注
建筑和装饰工程		人工费	29.41%	
安装工程			29.14%	
市政工程	土建		32.16%	
	安装		29.14%	
轨道交通工程	土建		32.16%	
	安装		29.14%	
公用管线工程			31.03%	
园林工程	园林绿化		31.81%	
	园林建筑		29.41%	
民防工程			29.41%	
房屋修缮工程			32.66%	
市政养护	土建		37.60%	含城市道路、城市快速路、越江隧道、黄浦江大桥
	机电设备		39.10%	
绿地养护			33.94%	

注：水利工程相关费用标准由市水务工程造价管理部门另行发布。

3.5 关于发布《上海市建设工程施工工期定额（2011）》（建筑、市政和轨道交通工程）的通知

沪建交〔2011〕1255号

各有关单位：

《上海市建设工程施工工期定额（2011）》（建筑、市政和轨道交通工程）已编制完成，现予以批准发布，自2012年1月1日起施行。

《上海市建设工程施工工期定额（2011）》（建筑、市政和轨道交通工程）由上海市建筑建材业市场管理总站负责组织实施和解释。

第4章 重 庆 地 区

4.1 重庆市城乡建设委员会关于调整建设工程定额人工单价的通知

渝建发〔2013〕51号

各区县（自治县）城乡建委，两江新区、北部新区、经开区、高新区建设（管）局，万盛、双桥经开区建设局，有关单位：

为客观反映建筑市场人工价格水平，保障建筑施工企业及生产工人合法权益，合理确定和有效控制工程造价，维护建设市场经济秩序，根据有关规定及建筑市场人工价格变化情况，经研究，决定调整建设工程定额人工单价，现将有关事项通知如下：

一、凡我市现行2006年《重庆市建筑工程概算定额》、《重庆市安装工程概算定额》、《重庆市市政工程概算定额》（以下简称2006概算定额），2008年《重庆市建筑工程计价定额》、《重庆市装饰工程计价定额》、《重庆市安装工程计价定额》、《重庆市市政工程计价定额》、《重庆市仿古建筑及园林工程计价定额》、《重庆市房屋修缮工程计价定额》（以下简称2008计价定额），2011年《重庆市城市轨道交通工程计价定额》（以下简称2011轨道定额），均应按本通知调整定额人工单价（基价）。

二、定额人工单价（基价）调整，按定额人工单价（基价）乘以定额人工单价（基价）调整系数进行计算。定额人工单价（基价）调整系数见下表：

定额人工单价（基价）调整系数表

工种 \ 定额	2006概算定额	2008计价定额	2011轨道定额
土石方人工	2.44	2.00	1.26
建筑、市政、维修人工	2.27	2.00	1.25
装饰人工	—	2.21	—
安装、机械人工	2.04	1.89	1.18
仿古、园林绿化人工	—	1.89	—
盾构用工	—	—	1.18

三、调整的定额人工单价（基价）内容包括基本工资、工资性补贴、生产工人辅助工资、职工福利费、生产工人劳动保护费。每工日劳动生产时间为8小时。

四、调整的定额人工单价（基价）是编制建设工程投资估算、设计概算、施工图预算、招标控制价（最高限价）、投标报价、工程结算的依据。

五、调整的定额人工单价（基价）与原定额人工单价（基价）之差部分按价差处理，不作为计取组织措施费、企业管理费、利润、规费的基数。

六、调整后的定额人工单价（基价）与建筑市场人工单价不同时，其价差可参照重庆市建设工程造价管理机构发布的工程所在地的信息价或市场价格进行调整。

七、本通知自发文之日起在新开工的工程中执行，在此之前已发出招标文件或已签订合同的工程仍按原招标文件或合同执行。

重庆市城乡建设委员会
2013 年 4 月 19 日

4.2 关于颁发 2011 年《重庆市城市轨道交通工程费用定额》的通知

渝建发〔2011〕143 号

各区县（自治县）城乡建委（建设局）、发展改革委、财政局、物价局，市级有关部门，有关单位：

为适应我市城市轨道交通工程建设发展需要，合理确定和有效控制城市轨道交通工程投资，提高投资效益，促进城市轨道交通工程建设的健康发展，根据建设部、财政部《关于印发〈建筑安装工程费用项目组成〉的通知》（建标〔2003〕206 号）、住建部《关于印发〈城市轨道交通建筑安装工程费用标准编制规则〉的通知》（建标〔2011〕159 号）等文件规定，结合我市实际，我们组织编制了 2011 年《重庆市城市轨道交通工程费用定额》（以下简称“费用定额”），现予颁发，并将有关事宜通知如下：

一、费用定额于 2012 年 1 月 1 日起在新开工的城市轨道交通工程中执行，在此之前已发出招标文件或已签订施工合同的工程仍按原招标文件或施工合同约定执行。

二、费用定额与 2011 年《重庆市城市轨道交通工程计价定额》配套执行。

三、费用定额由重庆市建设工程造价管理总站负责解释，由重庆市城乡建设委员会会同重庆市发展和改革委员会、重庆市财政局、重庆市物价局负责修改。

重庆市城乡建设委员会
重庆市发展和改革委员会
重庆市财政局
重庆市物价局
二〇一一年十二月二十八日

4.3　重庆市城乡建设委员会关于印发《重庆市建设工程安全文明施工措施费用计取及使用管理规定》的通知

渝建发【2010】158 号

各区县（自治县）建委，有关单位：

为贯彻落实市政府《关于全市安全生产基层基础突破年工作的实施意见》（渝府发〔2010〕2 号）和市委、市政府关于开展城市环境综合整治的总体要求，进一步加强房屋建筑和市政基础设施工程安全文明施工管理工作和实体水平，保障安全文明施工措施费用的合理计取与有效投入，规范建筑工地安全文明施工行为，根据国家相关政策、技术标准以及《重庆市房屋建筑和市政基础设施工程现场文明施工标准》（渝建发〔2008〕169 号），结合我市实际情况，我委对原《重庆市建筑工程安全文明施工措施费用计取及使用管理规定》（渝建发〔2006〕177 号）进行了调整和完善，现将修订后的《重庆市建设工程安全文明施工措施费用计取及使用管理规定》印发给你们，请遵照执行。

重庆市城市建设委员会

二〇一〇年十二月一日

4.4　重庆市城乡建设委员会关于颁发 2008 年重庆市建设工程计价定额综合解释的通知

渝建【2010】113 号

各区县（自治县）建委，各有关单位：

2008 年《重庆市建筑工程计价定额》、《重庆市装饰工程计价定额》、《重庆市安装工程计价定额》、《重庆市市政工程计价定额》、《重庆市仿古建筑及园林工程计价定额》、《重庆市房屋修缮工程计价定额》、《重庆市建设工程费用定额》（以上定额简称“2008 年重庆市建设工程计价定额”）颁发执行以来，根据建设、设计、施工、咨询企业及有关单位反映的问题，我委研究制定了 2008 年重庆市建设工程计价定额综合解释，编制了建筑及市政工程补充定额、施工机械台班补充定额、混凝土及砂浆配合比补充定额（以上内容统称《综合解释》），现予以颁发，并将执行中的有关事宜通知如下：

一、凡 2010 年 4 月 1 日起新开工及以前已开工但未完工的建筑、装饰、安装、市政、仿古建筑及园林、房屋修缮工程均按本综合解释执行。

二、本综合解释与 2008 年重庆市建设工程计价定额配套执行。

三、本综合解释是编制与审查工程概算、预算、最高限价、投标报价、合同价、结算价的依据，也是工程造价管理机构解释定额、调解和处理工程造价纠纷的依据。

四、本综合解释的修改、补充、解释，由重庆市建设工程造价管理总站负责。

重庆市城乡建设委员会

二〇一〇年二月二十五日

第5章 黑龙江地区

5.1 关于印发《黑龙江省建设工程施工合同（系列文本）》的通知

黑建造价［2012］4号

各市（行署）住建局（委）、工商行政管理局，绥芬河市住建局、工商行政管理局，抚远县住建局、工商行政管理局，省农垦总局住建局、工商行政管理局，省森工总局住建局，各建设、施工及有关单位：

为了贯彻国家法律、法规及有关政策要求，加强建筑市场管理，结合我省实际情况，我们制定了《黑龙江省建设工程施工合同（系列文本）》，包括《黑龙江省建设工程施工合同》（HF-2012-0201）、《黑龙江省建设工程施工专业分包合同》（HF-2012-0213）、《黑龙江省建设工程施工劳务分包合同》（HF-2012-0214），现印发给你们，请按照要求认真执行。

一、建筑工程的发包单位和承包单位应当使用我省的相应合同文本签订合同，并按规定报工程所在地建设行政主管部门备案。

合同文本通过黑龙江省住房和城乡建设厅和黑龙江省建设工程造价管理协会（www.hljgczj.cn）网站下载使用，应采用A4纸打印。各级建设行政主管部门及有关单位不得出售合同文本。

合同文本中“通用条款”应全文引用，不得删改。“专用条款”对相应“通用条款”的原则性约定细化、完善、补充、修改或另行约定的条款，不得违反国家强制性规定。

二、合同文本在执行中有何问题和建议，请及时反馈给黑龙江省建设工程造价管理总站。

三、《黑龙江省建设工程施工合同（系列文本）》自2012年10月1日起施行。以前颁发的《建设工程施工合同（系列文本）》同时停止使用。

附件：1. 施工合同文本.doc（HF-2012-0201）

2. 专业分包合同文本.doc（HF-2012-0213）

3. 劳务分包合同文本.doc（HF-2012-0214）

5.2 关于发布调整建筑安装工程费用有关项目、标准规定的通知

黑建造价［2012］13号

各市、地住建局（委），绥芬河市住建局、抚远县住建局，省农垦总局住建局、省森工总局住建局，各建设、设计、施工单位，有关社会中介服务机构及有关单位：

根据《中华人民共和国社会保险法》、《中华人民共和国建筑法》、《工伤保险条例》，《城市轨道交通建筑安装工程费用标准编制规则》（建标［2011］159号），《企业安全生产费用提取和使用管理办法》（财企［2012］16号），《建设工程工程量清单计价规范》（GB 50500—2008）的有关规定，为适应我省住房和城乡建设行业发展需要，现结合我省实际，对2010年《黑龙江省建设工程计价依据》等规定特作如下调整：

一、国家为了规范社会保险关系，建立了工伤保险制度，发布实施了《中华人民共和国社会保险法》。之后，为了与《社会保险法》接轨，国家对《建筑法》第四十八条进行了修改。修改前："建筑施工企业必须为从事危险作业的职工办理意外伤害保险，支付保险费。"修改后："建筑施工企业应当依法为职工参加工伤保险缴纳工伤保险费。鼓励企业为从事危险作业的职工办理意外伤害保险，支付保险费。"因此，《建设工程费用定额》规费中取消"危险作业意外伤害保险费"项目，省建设工程造价管理总站对施工企业此项费用标准不再进行核定。

二、《建设工程费用定额》中的房屋建筑工程（包括装饰工程）安全文明施工费用标准调整为2.17%；机电安装工程（包括通用设备安装工程）、市政公用工程（包括园林绿化工程）安全文明施工费用标准调整为1.73%；《关于执行2010年黑龙江省建设工程计价依据的有关规定》（黑建造价［2012］3号）中的城市轨道交通工程安全文明施工费用标准调整为2%。各类工程费用的计算基础不变。

黑建造价［2010］13号文件中的第二条规定停止使用。

本通知自发布之日起执行，原相关的所有规定同时废止。发、承包双方已结算完的工程不再找补。

二〇一二年九月十一日

5.3 关于《黑龙江省建设工程安全文明施工费使用管理办法》勘误的通知

黑建造价函［2012］11号

各市（行署）住建局（委），省农垦总局住建局、省森工总局住建局，绥芬河市住建局，抚远县住建局，建设、施工及有关单位：

《黑龙江省建设工程安全文明施工费使用管理办法》（黑建发［2010］11号）"第十六条施工单位进行竣工决算时，应按《安全文明施工费标准核定表》计算安全文明施

工费。

第十七条建设单位或其委托的工程造价咨询企业在审核工程竣工决算时，应按《安全文明施工费标准核定表》计算安全文明施工费。”现勘误如下：

第十六条施工单位进行竣工结算时，应按《安全文明施工费标准核定表》计算安全文明施工费。

第十七条建设单位或其委托的工程造价咨询企业在审核工程竣工结算时，应按《安全文明施工费标准核定表》计算安全文明施工费。

二〇一二年三月十四日

5.4 关于发布建设工程税金费率的通知

黑建造价函［2011］77号

各市（行署）住建局（委），各建设、施工单位，各有关单位：

由于我省对建筑安装工程造价中的税金（营业税、城市维护建设税及教育费附加）进行了调整，现将调整后的费率公布如下：

1. 纳税地点在市区的为3.48％；
2. 纳税地点在县城、镇的为3.41％；
3. 纳税地点在城、镇以外的为3.28％；

本通知自2011年2月1日起执行。

二〇一一年十二月十三日

5.5 关于执行2010年黑龙江省建设工程计价依据的通知

黑建造价［2010］8号

各市（行署）建设局（建委），农垦、森工总局建设局，各建设、施工、设计、社会中介服务机构，各有关单位：

根据省住房和城乡建设厅文件《关于颁发〈黑龙江省建设工程计价依据（建筑、装饰装修、水暖、电气、市政、园林绿化工程计价定额、施工机械台班费用定额、建设工程费用定额）〉的通知》（黑建造价［2010］5号）的规定，2010年黑龙江省建设工程计价依据于2010年7月1日开始执行，现对有关执行事项作如下规定：

一、按原定额及相关规定进行招标或已签订施工合同的建设工程项目不再按2010年计价依据调整（合同有约定的除外）。

二、国有资金投资建设工程项目，按2010年计价依据编制招标控制价时，按《建设工程费用定额》（2010）中关于招标控制价的规定执行，人工单价根据工程实际情况和市场人工价格，在53～70元/工日之间确定，取费基础为53元/工日。

三、安全文明施工费和规费由招标人按《建设工程费用定额》的规定计算，在招标文件中给出，投标人按招标人提供的数额计入投标报价中，结算时按建设行政主管部门评价、核定的标准计算。

四、执行2010年计价依据时，通用设备安装工程执行2000年颁发的《全国统一安装工程预算定额黑龙江省估价表》和2004年颁发的《黑龙江省统一安装工程消耗量定额》相应部分。其中人工单价和机械台班价格按2010年计价依据执行，材料价格由投标人自主报价或按合同约定进行调整。

五、城市轨道交通工程执行住房和城乡建设部2008年颁发的《城市轨道交通工程预算定额》(GCG103－2008)，其人工单价、机械台班价格和材料价格按2010年黑龙江省建设工程计价依据执行，按市政工程计取各项费用。

(此文件有效期至2015年8月9日)

黑龙江省住房和城乡建设厅

二〇一〇年八月九日

5.6 关于颁发《黑龙江省建设工程计价依据》的通知

黑建造价［2010］5号

各市（行署）建设局（建委）、财政局，省直有关委、办、厅（局），各建设、施工、设计单位，工程造价咨询企业及有关社会中介服务机构，中直驻省单位、哈尔滨铁路局，省军区、驻军：

为了进一步贯彻执行国家标准《建设工程工程量清单计价规范》(GB 50500—2008)，适应建筑市场发展变化的需要，合理确定和有效控制工程造价，根据国家标准《建设工程工程量清单计价规范》及相关规定，结合我省实际情况，编制完成了2010年黑龙江省建设工程计价依据，包括《建筑工程计价定额》、《装饰装修工程计价定额》、《给排水、暖通、消防及生活用燃气安装工程计价定额》、《电气设备及建筑智能化系统设备安装工程计价定额》、《市政工程计价定额》、《园林绿化工程计价定额》、《施工机械台班费用定额》、《建设工程费用定额》，现予颁发，自2010年7月1日起执行。

2000年颁发的《黑龙江省建设工程预算定额（土建）、（给排水、暖通、消防及生活用煤气）、（电气）》、《全国统一市政工程预算定额黑龙江省估价表》、《全国统一房屋修缮工程预算定额黑龙江省估价表》、《黑龙江省施工机械台班费用定额》；

2004年颁发的《黑龙江省建筑工程消耗量定额》、《黑龙江省装饰装修工程消耗量定额》、《黑龙江省市政及园林绿化工程消耗量定额》、《黑龙江省施工机械台班费用计算规则》、《黑龙江省统一安装工程消耗量定额》相应部分，2007年颁发的《黑龙江省建筑安装工程费用定额》、《黑龙江省建设工程预算定额（高级装饰修订版）》停止使用。

本计价依据由黑龙江省建设工程造价管理总站负责管理、解释和补充。

(此文件有效期至2015年6月10日)

黑龙江省住房和城乡建设厅

二〇一〇年六月十一日

5.7 关于印发《黑龙江省施工企业规费计取管理办法》修正案的通知

黑建造价［2010］6号

各市（行署）建设局（建委），农垦、森工总局建设局，各建设、设计、施工、社会中介服务机构，各有关单位：

2007年颁发的《黑龙江省施工企业规费计取管理办法》（黑建造价［2007］15号），经过两年多的执行，对于加强工程造价管理，推动社会保障体系的逐步完善，控制国有投资项目工程造价，起到了很好的作用。根据两年来的实际情况，对该办法作出修订，现将修订后的《黑龙江省施工企业规费计取管理办法》印发给你们，请认真贯彻执行。

附件：1. 黑龙江省施工企业规费计取管理办法

2. 黑龙江省施工企业规费核定申报材料范本

（此文件有效期至2015年4月26日）

二〇一〇年四月二十六日

5.8 关于发布《黑龙江省建设工程造价信息管理办法》的通知

黑建造价［2009］20号

各市（行署）建设局（建委），各有关单位：

为了规范建设工程造价信息的搜集、整理、发布等行为，指导工程建设各方合理确定工程造价，根据国家及我省有关规定，现印发给你们，请遵照执行。

附件：黑龙江省建设工程造价信息管理办法

二〇〇九年十一月三十日

5.9 黑龙江省建设工程造价信息管理办法

第一章 总 则

第一条 为合理确定和有效控制工程造价，规范全省工程造价信息发布行为，确保建设工程造价信息及时、准确、客观地反映市场情况，指导工程建设各方合理确定工程造价，根据《建筑工程施工发包与承包计价管理办法》（建设部107号令）、《建设工程工程量清单计价规范》（GB 50500—2008）和《黑龙江省建筑市场管理条例》等有关规定，制定本办法。

第二条 本办法适用于在我省行政区域内的建筑、装饰、安装、市政、园林等工程，凡从事下列活动的单位和个人均执行本办法。

（一）招标控制价、投标报价的编制、审核；

（二）投资估算、设计概算、施工图预算及竣工结算的编制、审核；

（三）工程造价咨询服务；

（四）其他和工程造价信息有关的活动。

第三条 省住房和城乡建设行政主管部门负责全省建设工程造价信息的统一管理，制定和发布建设工程造价信息数据标准，为建设工程造价信息的采集、分析、处理、传输和再利用提供电子数据标准，具体工作由省工程造价管理机构负责。

第四条 全省各级工程造价管理机构应当建立工程造价信息发布管理责任制，准确、及时、有效地进行工程造价信息的采集、整理、发布工作。

第五条 建设工程造价管理机构收集工程造价相关资料时，建设工程发包单位、承包单位、工程造价咨询企业、工程材料供应商等单位应当积极配合。

第二章 造价信息的内容

第六条 本办法所称工程造价信息包括：材料价格、劳务市场人工价格、施工机具、周转材料租赁市场价格、造价指数、典型工程技术经济指标、工程造价实例、工程量清单综合单价等。

第七条 建设工程材料价格信息包括定额预算价、市场信息价、企业信息价。

定额预算价是定额材料库的价格组成。

市场信息价是根据报告期材料市场价格变动，定期发布的建设工程各类材料的当期市场平均价格。

企业信息价是报告期内材料生产商、供应商的市场供应价、成交价或投标单位的材料报价。

第八条 劳务市场人工价格信息是报告期内劳务市场的用工价格。

第九条 建设工程施工机具、周转材料租赁价格是报告期内常用施工机具、周转材料的平均租赁成交价格。除特别说明外，施工机具、周转材料租赁市场价格中不含动力费用和操作人员费用。

第十条 建设工程造价指数是反映报告期工程造价相对于基准期工程造价变化程度的百分比指标。

第十一条 建设工程典型工程技术经济指标是具有通用性、综合性和代表性的典型工程的基本概况、工程特征、中标价、结算价、每平方米主要工料消耗量等指标。

第十二条 建设工程造价实例是选取本地区各种结构类型工程或合同纠纷案例工程，从工程量计算、综合单价确定、合同签订等方面，剖析其中的要点和注意事项等。

第十三条 建设工程工程量清单综合单价是按照清单规范的格式和要求，发布常用项目的参考综合单价。

第三章 造价信息的采集

第十四条 为确保建设工程材料价格信息真实、有效，应从下列渠道采集建设工程材料价格信息。

（一）向本地区业务量较大的材料代理商、经销商、建材市场收集材料价格信息；

（二）从招投标交易市场读取电子投标书中的材料价格，并汇总分析；

（三）组织编制工程造价咨询企业材料价格信息库，由工程造价咨询企业定期上报询价资料；

（四）调查收集本地主要的大中型施工企业月（季）度材料使用量及其价格；

（五）与本地区较大规模的，有健全的质量保证体系的建材生产厂家建立联系，定期采集不同品牌材料的实际成交价格。

第十五条 材料价格按不同渠道采集，一般不应少于5个信息点。以成交量所占的百分比为权值，取删除最高价和最低价后的加权平均值为发布价格。

第十六条 劳务市场人工价格信息应综合本地区的劳务市场行情、施工单位实际劳务分包价格采集、整理。

第十七条 施工机具、周转材料租赁市场价格信息应综合本地区施工机具、周转材料租赁市场行情、施工单位施工机具、周转材料租赁合同等资料采集、整理。

第十八条 造价指数分不同专业和结构类型，同一指数至少选取三类不同建筑功能的工程，每类工程选取二个以上的项目作为测算指数的基础。基准期及发布期所选取的工程须一致，测算时材料价格按本地区的市场指导价，人工、机械台班价格按省造价总站发布的价格，费率按费用计算相关规定执行。

第十九条 典型工程技术经济指标须选取不同专业、结构类型和使用功能的工程，反映该类工程的技术经济指标。

第二十条 工程造价实例应选取有代表性的工程，可以是在工程量计算方面比较复杂、价格确定困难、合同条款存在争议的工程，对问题进行剖析，给出常用的处理方法和原则，以供造价从业人员学习、参考。

第二十一条 工程量清单综合单价应选取本地区工程常用分部分项工程，按照常用施工工艺、常用材料编制，通过多次发布形成工程量清单综合单价数据库。

第四章 造价信息的发布

第二十二条 工程造价信息由省工程造价管理机构组织统一发布，或委托各市（行署）工程造价管理机构发布。

第二十三条 材料市场信息价发布的周期和品种数量应能满足本地区建设工程的需要，常用材料市场信息价的发布周期不超过三个月。对于数据标准中缺项的材料，各市（行署）应及时上报省工程造价管理机构。

定额预算价按定额材料库规定格式定期发布，发布周期原则上不超过一年。

第二十四条 劳务市场人工价格、施工机具、周转材料租赁市场价格信息按全省统一的数据标准定期发布，发布周期不超过三个月。

第二十五条 造价指数、典型工程技术经济指标、工程造价实例、工程量清单综合单价信息不定期发布，原则上一个季度发布一次。

第二十六条 各市（行署）收集整理的工程造价信息，应报送省工程造价管理机构备案后方可发布。

第五章 附　则

第二十七条 本办法由省工程造价管理机构负责解释。

第二十八条 本办法自2010年1月1日起施行。

第6章 吉 林 地 区

6.1 关于发布2013年上半年吉林省建筑工程质量安全成本指标的通知

吉建造［2013］8号

各市（州）建委（住房和城乡建设局），长白山管委会住房和城乡建设局：

根据《吉林省建设工程造价管理办法》（吉林省人民政府令第222号）的有关规定，现发布2013年上半年吉林省建筑工程质量安全成本指标。

请按照《吉林省建筑工程质量安全成本管理暂行办法》（吉建造字［2010］4号）的规定严格执行。

附件：2013年上半年吉林省建筑工程质量安全成本指标

吉林省住房和城乡建设厅

2013年3月27日

6.2 关于调整现行定额人工综合工日单价的通知

吉建造［2013］7号

各有关单位：

为合理确定工程造价，维护建设工程发、承包双方的合法权益，确保工程质量和施工安全。根据全省建筑市场的实际情况，经市场调研和综合测算，决定对我省现行定额人工综合工日单价调整如下：

《吉林省建筑工程计价定额》（JLJD-JZ-2009）、《吉林省安装工程计价定额》（JLJD-AZ-2009）、《吉林省市政工程计价定额》（JLJD-SZ-2009）、《全国统一仿古建筑及园林工程预算定额吉林省基价表》（JYD-601-2000）、《吉林省房屋修缮及抗震加固工程计价定额》（JLJD-XS-2010）、《吉林省城市轨道交通工程计价定额》（JLJD-GD-2011）中的人工综合工日单价调整为90.00元/工日；《吉林省装饰工程计价定额》（JLJD-ZS-2009）中的人工综合工日单价调整为105.00元/工日 。

未办理《吉林省施工企业劳动保险费取费证书》的施工企业不执行本文件的规定。

本通知自2013年4月1日之日起施行。

吉林省住房和城乡建设厅

2013年3月26日

6.3 关于调整现行定额部分子目定额含量的通知

吉建造［2013］6号

各有关单位：

根据《吉林省建设工程造价管理办法》和工程造价管理的相关规定，结合现行定额执行过程中的实际，经测算，决定对《吉林省建筑工程计价定额》（JLJD-JZ-2009）、《吉林省装饰工程计价定额》（JLJD-ZS-2009）、《吉林省安装工程计价定额》（JLJD-AZ-2009）、《吉林省市政工程计价定额》（JLJD-SZ-2009）中部分定额子目的含量进行调整。

本通知自发布之日起施行，已结算完的工程不再调整。

附件：2009计价定额部分子目定额含量调整表

吉林省住房和城乡建设厅

2013年3月26日

附件：2009计价定额部分子目定额含量调整表

名称	定额编号	调整内容
建筑定额	A3—0088	人工含量乘以系数0.2，删除水泥砂浆1∶3
	A4-0192～0197	人材机含量乘以系数0.15
	A4-0223～0234	人材机含量乘以系数0.15
	A7-0071	人工含量乘以系数0.8，聚氨酯甲料、乙料含量乘以系数0.5
	A9-0179	人工含量乘以系数1.8，增加107胶198kg，其他材料费155元
	391页定额说明	六、框架结构建筑物采用泵送混凝土时，按相应定额项目乘以系数0.85
装饰定额	B1-0024	人工含量乘以系数1.2，材料中混凝土半干C20砾石10mm含量调整为4.8m^3
	B2-0041～0043	人工含量乘以系数1.5
安装定额	C2-0542～0673	人工含量乘以系数0.7
	C2-1286～1344	人工含量乘以系数0.6
	C2-0542～0673 C2-1286～1344	机械含量乘以系数0.4
	C7-0204～0222	人工和机械含量均乘以系数0.6
	C8-0724、0725、0726	人工含量调整为0.441、0.441、0.529
	C14-0019～0048	人工含量乘以系数0.6 机械台班中鼓风机18m^3/min、除锈喷砂机3.0m^3/min、电动空气压缩机10m^3/min、轴流风机30kW、空气过滤器含量乘以系数0.6
	C14-0037～0040	机械台班中汽车式起重机16t、交流电焊机32kVA含量乘以系数0.6

续表

名称	定额编号	调整内容
市政定额	D3 册 213 页 计算规则增加	桥梁工程中钻孔灌注桩中泥浆制作工程量以钻孔体积的 2.5 倍以 m^3 计算
	185 页 D.9.1 说明	第十条改为“钢板桩周转次数 10 次”
	D9-0011～0014	钢板桩含量调整为（1.0）
	329 页 D.9.5 说明一、1.②	改为“灯柱、端柱、栏杆等（包含）小型构件按预制时水平投影面积计算”

6.4　关于调整现行计价定额规费及费率的通知

吉建造［2013］3 号

各市州建委（住房城乡建设局），长白山管委会住房城乡建设局：

根据《吉林省防洪基础设施建设资金征收使用办法》、《吉林省残疾人就业保障金管理办法》、《吉林省副食品价格调节基金征收管理使用的实施办法》和建设部、财政部《建筑安装工程费用项目组成》（建标［2003］206 号）的规定，防洪基础设施建设资金、残疾人就业保障金、副食品价格调节基金属于建设工程计价定额规费中的其他规费。现就此三项费用计取规定如下：

一、执行《吉林省建筑工程计价定额》（JLJD-JZ-2009）、《吉林省装饰工程计价定额》（JLJD-ZS-2009）、《吉林省安装工程计价定额》（JLJD-AZ-2009）、《吉林省市政工程计价定额》（JLJD-SZ-2009）、《吉林省房屋修缮及抗震加固工程计价定额》（JLJD-XS-2010）的工程，残疾人就业保障金按直接工程费中人工费的 0.82%计取；防洪基础设施建设资金、副食品价格调节基金在编制标底（招标控制价）或投标报价时，按税前工程造价的 1.8‰考虑，结算时按实际缴纳计取。

二、执行《吉林省城市轨道交通工程计价定额》（JLJD-GD-2011）的工程，在编制标底（招标控制价）或投标报价时，其防洪基础设施建设资金、副食品价格调节基金按税前工程造价的 1.4‰考虑，结算时按实际缴纳计取。

三、未办理《吉林省施工企业劳动保险费取费证书》的施工企业不执行本文件的规定。

本通知自 2013 年 1 月 1 日起施行。

吉林省住房和城乡建设厅

2013 年 1 月 29 日

6.5　关于做好 2012 年建设工程结算工作的通知

长城乡联［2012］21 号

各县（市）、双阳区、开发区住建局，各有关单位：

为了合理确定工程造价，规范建设各方工程计价行为，维护发承包双方合法权益，根据国家和省工程造价管理有关规定，结合我市实际情况，现就做好2012年建设工程结算工作有关问题通知如下，请遵照执行。

一、关于人工费问题

人工费以定额人工单价为基数，执行2009年建筑、安装、市政及2010年修缮、2000年仿古园林、2011年轨道交通定额的工程为78.00元/工日；执行2009年装饰定额的工程为90.00元/工日。

二、关于机械费问题

机械费以定额机械费为基数，执行2009年建筑、安装、市政定额的工程调增20%；执行2010年修缮定额的工程调增15%；执行2000年仿古园林定额的工程调增40%；执行2011年吉林省城市轨道交通定额的工程调增10%。

三、关于材料价格问题

建设工程材料价格按合同约定执行。合同没有约定或合同约定不明而超出风险范围的，参照《2012年建设工程主要材料综合价格》（附件1）执行。综合价格中没有的项目，参照“吉林省工程造价信息网”和《长春工程造价》期刊上的材料市场价格执行。

我市未公布的建设工程材料价格，按双方确认的材料价格进行结算。如对价格有争议，由发承包双方共同编制“一次性补充材料价格”，经市工程造价管理机构测定、确认后执行。

各县（市）、双阳区的地材价格，参照《2012年建设工程主要材料综合价格》和“吉林省工程造价信息网”、《长春工程造价》期刊上的地材价格执行。未公布的其他材料价格，参照长春市市区公布的材料价格执行。

四、关于价差取费问题

定额人工单价、机械台班单价（机械费）及材料价格调整增加的费用只计取税金，不计取其他费用。

五、其他有关问题

零星项目机械租赁价格参照《2012年建设工程零星项目机械租赁市场价格》（附件2）执行。

有关工程结算其他规定，仍按我市历年工程结算文件的有关规定执行。

本通知适用于跨年工程2012年完成的工程量和2012年1月1日以后开工的工程结算，已结算完毕的工程不再调整。

附件1：2012年建设工程主要材料综合价格

附件2：2012年建设工程零星项目机械租赁市场价格

长春市城乡建设委员会

长春市发展和改革委员会

长春市财政局

二〇一二年十一月二十六日

6.6 关于发布2012年吉林省“暖房子”工程外围护结构指导价及质量安全成本参考价的通知

吉建造［2012］8号

各市（州）建委（住房和城乡建设局），长白山管委会住房和城乡建设局：

根据《吉林省2012年“暖房子”工程实施意见》（吉暖［2012］1号）、《关于2012年吉林省“暖房子”工程计价工作的指导意见》（吉建造字［2012］6号）和《吉林省建筑工程质量安全成本管理暂行办法》（吉建造字［2010］4号）的要求，依据《吉林省“暖房子”工程技术导则》的规定，按照现行定额标准，结合各地区实际情况，制定了《2012年吉林省“暖房子”工程外围护结构指导价及质量安全成本参考价》，现予发布。请各地结合本地实际参考使用。

附件：《2012年吉林省“暖房子”工程外围护结构指导价及质量安全成本参考价》

吉林省住房和城乡建设厅

二〇一二年三月三十日

2012年吉林省“暖房子”工程外围护结构指导价及质量安全成本参考价

单位：元/平方米（实测面积）

<table>
<tr><th rowspan="2">项目
类别</th><th colspan="4">外墙基层处理</th><th rowspan="2">外墙保温</th><th rowspan="2">外墙涂料</th><th rowspan="2">屋面保温</th><th rowspan="2">节能诊断（元/栋）</th><th colspan="2">单价</th></tr>
<tr><th>清水墙</th><th>砂浆涂料</th><th>干粘石水刷石</th><th>面砖</th><th>外墙实测面积</th><th>建筑面积（折算）</th></tr>
<tr><td>指导价</td><td>4</td><td>7</td><td>8</td><td>11</td><td>143</td><td>30</td><td>125</td><td rowspan="2">500～1000</td><td>223</td><td>118</td></tr>
<tr><td>质量安全成本参考价</td><td>3</td><td>6</td><td>7</td><td>10</td><td>130</td><td>28</td><td>118</td><td>204</td><td>108</td></tr>
</table>

说明：1. 指导价是根据《吉林省“暖房子”工程技术导则》的规定，按照现行定额标准，结合人工、材料市场价格及物价涨幅测算出来的，只作为全省“暖房子”工程外围护结构参考价格。

2. 质量安全成本价是按照2011年各地区规定的实际做法和实际成本，考虑今年人工和材料价格涨幅测算的。各地区可以根据本地区规定的具体做法，考虑人工、材料价格及地区差异，结合实际情况上下浮动，作为各地“暖房子”工程外围护结构质量安全成本价。

3. 2012年吉林省“暖房子”工程外围护结构指导价及质量安全成本参考价，不包括管网平衡、热表计量、设计费用、小区综合整治、景观改造、亮化工程以及外墙、屋面的各种线路、空调、护栏、太阳能、牌匾、水落管的处理、安全防护通道、高压线维护等。

4. 屋面保温包括基层处理、保温层和防水层。

6.7　关于做好 2011 年建设工程结算工作的通知

长城乡联［2011］12 号

各县（市）、双阳区、开发区住建局，各有关单位：

为了合理确定工程造价，规范建设各方工程计价行为，维护发承包双方合法权益，根据国家和省工程造价管理有关规定，结合我市实际情况，现就做好 2011 年建设工程结算工作有关问题通知如下，请遵照执行。

一、工程结算的基本要求

（一）工程完工后，发承包双方应在规定的时限内进行工程结算。发包人无核对能力的，应当委托具有相应资质的工程造价咨询企业核对。

（二）工程造价咨询企业应严格按照国家、省市有关工程造价管理规定出具工程造价成果文件，不得接受委托对同一工程结算进行重复核对。

造价咨询企业在编制招标控制价时，应严格按照《关于做好 2010 年建设工程结算工作的通知》（长城乡联［2010］16 号）有关规定，计取意外伤害保险费用。

（三）工程结算办理完毕，发包人应在 20 日内将工程结算报市建设工程造价管理机构备案，各县（市）、双阳区的工程结算报当地建设行政主管部门备案。

已备案的工程结算文件，将作为工程竣工验收备案和交付使用的必备文件。

二、工程结算的相关政策规定

（一）人工费调整以定额人工单价为基数，执行 2009 年建筑、安装、市政及 2010 年修缮、2000 年仿古园林、2011 年轨道交通定额的工程调整为 78.00 元/工日；执行 2009 年装饰定额的工程调整为 90.00 元/工日。

（二）由于今年水泥市场价格上涨幅度较大，比 2010 年同期涨幅超过 50%，发承包双方合同中对水泥价格未明确风险范围和超出风险范围未明确调整办法的，工程结算时可以按工程投标期信息价格为基数，水泥结算价差 10%以内的部分由承包人承担，超过 10%以上的部分由发包人承担，经双方签订补充协议协商解决。

（三）机械费用调整以定额机械费为基数，执行 2009 年建筑、安装、市政定额的工程调增 20%；执行 2010 年修缮定额的工程调增 15%；执行 2000 年仿古园林定额的工程调增 40%。

（四）建设工程材料价格按合同约定执行。合同没有约定或合同约定不明而超出风险范围的，按本文公布的《2011 年建设工程主要材料综合价格》（附件 1）执行。没有公布综合价格的项目，按“吉林省工程造价信息网”和《长春工程造价》期刊上公布的材料市场价格执行。

我市未公布的建设工程材料价格，按实际采购价格进行结算。如对采购价格有争议的，由发承包双方共同编制“一次性补充材料价格”，经市工程造价管理机构测定、确认后执行。

各县（市）、双阳区的地材价格，按通知和“吉林省工程造价信息网”、《长春工程造价》期刊上公布的地材价格执行。未公布的其他材料价格，参照长春市市区公布的材料价格执行。

（五）定额人工单价、机械台班单价（机械费）及材料价格调整增加的费用只计取税金，不计取其他费用。

（六）我省现行的建筑、装饰、安装、市政、房屋修缮及抗震加固、园林仿古、轨道交通工程费用中的税金税率作如下调整，自2011年5月1日起执行。本规定适用于固定价格合同和可调价格合同。

工程所在地	市区	县城、镇	市区、县城、镇以外
计取基数	不含税工程造价		
现行定额税率	3.41	3.35	3.22
调整后税率	3.48	3.41	3.28

（七）根据有关规定发生的工程质量检测、室内环境质量检测等费用按实计取。

（八）有关工程结算其他规定，仍按我市历年工程结算文件的有关规定执行。

三、其他有关问题

（一）对通知内容有争议的，由市建设工程造价管理机构负责解释。

（二）执行国家各专业部委计价标准的工程不适用本通知。

（三）本通知适用于跨年工程2011年完成的工程量和2011年1月1日以后开工的工程结算，已结算完毕的工程不再调整。

附件：2011年建设工程主要材料综合价格

二〇一一年十二月六日

6.8 关于2011年度吉林省建设工程结算有关规定的通知

吉建造〔2011〕18号

各市（州）建委（住房和城乡建设局）、长白山管委会住房和城乡建设局，各有关单位：

为合理确定工程造价，维护建设工程发、承包双方的合法权益，确保工程质量和施工安全，根据《吉林省建设工程造价管理办法》、《建设工程工程量清单计价规范》及现行建设工程造价管理的有关规定，结合我省实际情况，现将2011年建设工程结算有关规定通知如下，请遵照执行。

一、人工费调整以定额人工单价为基数，执行2009年建筑、安装、市政、2010年修缮、2000年仿古园林、2011年轨道交通定额的工程调整为78.00元/工日；执行2009年装饰定额的工程调整为90.00元/工日。

二、由于今年水泥市场价格上涨幅度较大，比2010年同期涨幅超过50%，发、承包双方在招投标和签订合同过程中是无法预测的。发、承包双方合同中对水泥价格未明确风险范围和超出风险范围未明确调整办法的，工程结算时可以按工程投标期信息价格为基数，水泥结算价差10%以内的部分由承包人承担，超过10%以上的部分由发包人承担，签订补充协议协商解决。

三、机械费调整以定额机械费为基数，执行2009年建筑、安装、市政定额的工程调增20%；执行2010年修缮定额的工程调增15%；执行2011年轨道交通定额的工程调增10%；执行2000年仿古园林定额的工程调增40%。

四、有关工程结算的其他规定，按照吉林省住房和城乡建设厅文件"关于2009年度吉林省建设工程结算工作有关规定的通知"（吉建造［2009］14号）的规定执行。

五、本规定适用于跨年工程2011年完成的工程量和2011年1月1日以后开工的工程结算，发、承包双方已结算完的工程不再调整。

吉林省住房和城乡建设厅

二〇一一年十二月一日

6.9 吉林省建设工程造价管理办法

第一章 总 则

第一条 为了加强建设工程造价管理，合理确定和有效控制建设工程造价，维护建设工程各方当事人的合法权益，根据《中华人民共和国建筑法》及有关法律、法规，结合本省实际，制定本办法。

第二条 本省行政区域内的建设工程造价及其监督管理活动，适用本办法。

第三条 本办法所称建设工程造价是指建设工程项目从立项到竣工，按照国家和省有关规定应当计入建设项目投资的建筑安装工程费、设备及工器具购置费、工程建设其他费、预备费、有关税费和建设期间贷款利息等费用。

第四条 本办法所称建设工程造价计价是指对建设工程造价进行确定与控制的活动，主要包括：

（一）编制和审核投资估算、初步设计概算、施工图预算、工程量清单、招标标底、招标控制价、投标报价；

（二）约定和调整合同价款；

（三）实施工程计量与支付工程价款；

（四）办理工程索赔与变更签证、工程结算和决算；

（五）处理建设工程造价争议和进行建设工程造价鉴定；

（六）与建设工程造价确定和控制有关的其他活动。

第五条 省住房和城乡建设行政主管部门负责全省建设工程造价的监督管理，具体工作可以委托所属的建设工程造价管理机构实施。

县级以上住房和城乡建设行政主管部门负责本行政区域内建设工程造价的监督管理工作。

各级建设工程造价管理机构依法履行职责所必需的经费，由同级财政部门按国家和省有关规定予以保障。

各级专业建设工程行政主管部门在各自职责范围内，依法负责本行政区域内专业建设工程造价的监督管理工作。

第六条 财政部门负责财政性资金投资项目的预算、竣工结（决）算评价与审查。

第七条 建设工程造价行业协会应当加强行业自律，发挥行业服务和协调作用。

第二章 建设工程造价计价依据

第八条 建设工程造价计价依据：

（一）估算指标、概算定额；

（二）工程计价定额、一次性补充定额、费用定额及标准；

（三）工期定额和劳动定额；

（四）人工、材料（设备）及一次性补充材料价格和施工机械台班综合价格；

（五）工程量清单计价规范；

（六）各级建设工程造价管理机构公布的计价信息及结算文件；

（七）国家和本省规定的其他依据。

第九条 建设工程造价计价依据按以下规定制定：

（一）估算指标、概算定额、工程计价定额、费用定额、工期定额、劳动定额、工程量清单计价规范、工程造价标准规范和工程计价信息等由省建设工程造价管理机构根据国家工程建设规范、标准及市场价格信息编制和调整，报省住房和城乡建设行政主管部门发布；

（二）建设工程一次性补充定额，由各市（州）住房和城乡建设行政主管部门测定，报省住房和城乡建设行政主管部门确认、发布；

（三）建设工程一次性补充材料价格，由各市（州）住房和城乡建设行政主管部门制定，发布；

（四）各市（州）行政区域内的人工、材料、施工机械台班等价格信息，由各市（州）住房和城乡建设行政主管部门采集、测算、汇总，报省住房和城乡建设行政主管部门定期发布。

第十条 承包人在进行工程结算时应当持有《吉林省施工企业社会保险费取费证书》，按照省住房和城乡建设行政主管部门当年核定的费率向发包人计取相关费用。

第十一条 建筑工程质量安全成本由各市（州）住房和城乡建设行政主管部门按照省住房和城乡建设行政主管部门划分的建筑结构类型采集、测算，报省住房和城乡建设行政主管部门确认，在规定的时间内向社会公布。

第三章 建设工程造价编制与控制

第十二条 建设工程造价按以下规定编制：

（一）建设单位根据建设规模、工程建设标准、工艺技术标准、估算指标、工程计价依据并参考建设期间价格、利率变化等因素编制投资估算；

（二）建设单位、相关设计单位或者建设工程造价咨询企业在投资估算范围内按照概算指标或者概算定额、市场价格等因素编制设计概算；

（三）施工单位或者工程造价咨询企业应当在经批准的设计概算范围内，依据经审定的施工图、施工方案、市场价格等因素编制施工图预算；

（四）工程竣工结算由承包人在施工图预算范围内，结合施工合同约定的工程价款及合同约定的调整内容编制。

第十三条 全部使用国有资金投资或者以国有资金投资为主的建设工程项目，必须采用工程量清单计价。

工程量清单应当由具有编制能力的招标人或者受其委托的具有相应资质的建设工程造价咨询企业编制。

第十四条 实行工程量清单计价方式招标的工程项目，工程量清单应当作为编制招标控制价、投标报价、工程计量与价款支付、调整和办理工程竣工结算的依据。

第十五条 实行工程量清单计价方式进行招标的工程项目，应当根据国家和省规定的计价依据及相关规定，按照设计、施工图纸编制招标控制价。

招标控制价由招标人编制，招标人没有编制能力的，应当委托具有相应资质的建设工程造价咨询企业编制。

招标控制价应当在招标时公布，不得上调或者下浮。招标人应当将招标控制价报送工程项目所在地建设工程造价管理机构备案。

第十六条 国有资金投资或者以国有资金投资为主的建设工程项目，其招标控制价超过批准的概算时，招标人应当将招标控制价报原概算审批部门审核。

财政性资金投资项目工程量清单、招标控制价和工程竣工结算由财政部门或者财政部门委托有资质的建设工程造价咨询企业编制和审查。未经审查的，不得作为工程价款结算的依据。

第十七条 投标报价不得低于省住房和城乡建设行政主管部门公布的当期建筑工程质量安全成本价格，也不得高于招标控制价。

第十八条 依法招标的建设工程应当根据工程计价依据编制标书。

第十九条 下列支出不得作为招标投标的竞争性费用：

（一）安全防护、文明施工措施支出；

（二）工程排污支出；

（三）养老保险支出；

（四）失业保险支出；

（五）医疗保险支出；

（六）住房公积金；

（七）生育保险支出；

（八）危险作业意外伤害支出；

（九）工伤保险支出；

（十）税金；

（十一）国家和本省规定的其他支出。

第二十条 建设工程发包人、承包人在施工合同中应当对以下与工程造价有关的事项作出约定：

（一）承包范围、质量标准及合同价款；

（二）预付工程款的数额、支付时间及抵扣方式；

（三）工程计量与支付工程进度款的方式、数额及时间；

（四）工程价款的调整因素、方法、程序、支付方式及时间；

（五）索赔与现场签证的程序、金额确认与支付时间；

（六）承担风险的内容、范围以及超出约定内容、范围的调整办法；

（七）工程竣工价款结算编制与核对、支付方式及时间；

（八）发生工程价款争议的解决方法及时间；

（九）工程质量安全成本保证金及工程质量保证（保修）金的数额、预扣方式及时间；

（十）工期调整的要求；

（十一）与支付价款有关的其他事项。

第二十一条 施工中工程价款确需调整的，承包人应当在合同约定调整情况发生后14日内，将调整原因、金额以书面形式通知发包人，发包人确认调整金额后将其作为追加合同条款，与工程进度款同期支付。发包人收到承包人书面通知后在14日内不予确认也不提出修改意见，视为同意该调整。发包人也可以在合同约定调整情况发生后14日内，决定调整工程价款，并书面通知承包人，承包人收到书面通知后在14日内不予确认也不提出修改意见，视为同意该调整。

第二十二条 实行预付工程款和支付工程进度款制度。

第二十三条 预付工程款应当符合以下规定：

（一）包工包料工程的预付工程款按合同约定拨付，原则上预付比例不低于签定合同价的10%，不高于签定合同价的30%；

（二）重大工程项目，按年度工程计划预付工程款；

（三）实行工程量清单计价的，应当约定实体性消耗、非实体性消耗的预付工程款比例。

第二十四条 支付工程进度款应当符合以下规定：

（一）确定工程量计量结果后14日内，发包人应当按不低于工程价款80%的比例向承包人支付工程进度款；

（二）经承包人同意并签订延期支付工程进度款协议的，按协议执行；双方未能签订延期支付协议的，按原合同执行，发包方应当按期支付工程款，如未能按期支付，发包方从违约之日起到支付日止，按银行公布的商业担保贷款同期利率双倍支付利息。

第二十五条 全部使用国有资金投资或者以国有资金投资为主的建设工程项目，发包人不得要求承包人垫资施工。

第二十六条 发包人、承包人应当按以下规定进行工程竣工结算：

（一）承包人应当在规定时限内编制完成工程竣工结算文件，并递交发包人，发包人收到承包人的工程竣工结算文件，应当按照规定签收，发包人不签收的，承包人可以不交付竣工工程；

（二）发包人收到承包人递交的工程竣工结算文件，应当在规定时限内对工程竣工结算文件进行审核，并出具工程竣工结算审核文件；

（三）承包人对发包人出具的工程竣工结算审核文件有异议的，应当提出质疑依据和详细的计算书，送发包人重新核对。发包人重新核对后应当提出明确意见；

（四）发包人应当在确认工程竣工结算文件无异议后15日内向承包人结算工程款。

第二十七条 发包人只能委托一个建设工程造价咨询企业在规定的时间内对承包人提交的工程竣工结算文件进行审核。

第二十八条 发包人应当按以下规定审核工程竣工结算文件：

（一）工程造价500万元（含500万元）以下的20日内做出审核结论；

（二）工程造价 500 万元以上 2000 万元（含 2000 万元）以下的 30 日内做出审核结论；

（三）工程造价 2000 万元以上 5000 万元（含 5000 万元）以下的 45 日内做出审核结论；

（四）工程造价 5000 万元以上的 60 日内做出审核结论。

第二十九条 发包人、承包人对建设工程造价计价依据理解不一致的，由建设工程所在地的建设工程造价管理机构解释。

第三十条 工程竣工结算后，发包人应当将工程竣工结算文件报工程项目所在地建设工程造价管理机构备案。

第四章 监 督 管 理

第三十一条 县级以上住房和城乡建设行政主管部门依法对建设工程造价咨询企业执业行为进行监督检查，对其资质实施动态管理。

执行国务院规定专业工程造价咨询的，由相关行政管理部门按国家规定进行管理。

第三十二条 建设工程造价咨询企业应当依法取得工程造价咨询资质证书，并在其资质等级许可的范围内接受委托从事工程造价咨询活动。

建设工程造价专业人员，应当依法取得执业资格，并在一个单位注册从事建设工程造价活动。

第三十三条 建设工程造价咨询企业及其造价专业人员应当严格执行工程建设标准、规范和造价依据，真实准确地出具工程造价成果文件。

建设工程造价咨询企业应当在其咨询成果文件上加盖具有企业名称、资质等级、证书编号的印章，并由执行咨询业务的造价工程师签字、加盖执业印章。

第三十四条 建设工程造价咨询企业承接建设工程造价咨询业务，应当签订书面合同，并报建设工程造价管理机构备案。

第三十五条 省外建设工程造价咨询企业在我省从事建设工程造价咨询业务的，应当自承接业务之日起 30 日内持资质证书、营业执照等有关证件到省建设工程造价管理机构备案。

第三十六条 建设工程造价咨询企业不得有下列行为：

（一）提供虚假材料骗取企业资质；

（二）伪造、涂改、倒卖、出租、出借资质证书，或者以其他形式非法转让资质证书；

（三）转让承接的建设工程造价咨询业务；

（四）进行不正当竞争；

（五）不按国家或本省规定的计价依据、办法计价；

（六）无资质或者超越资质等级许可的业务范围承接建设工程造价咨询业务；

（七）同时接受招标人、投标人，或者两个以上投标人对同一工程项目的建设工程造价咨询业务委托；

（八）超越合同越权执业；

（九）出具虚假报告；

（十）法律、法规、规章禁止的其他行为。

第三十七条　建设工程造价咨询业务人员不得有下列行为：

（一）用欺骗手段取得执业资格；

（二）超出聘用单位业务范围从事执业活动；

（三）执业过程中实施商业贿赂；

（四）未经注册从事建设工程造价咨询业务；

（五）同时在两个以上单位注册；

（六）涂改、倒卖、出租、出借，或者以其他形式非法转让注册证书或者执业印章；

（七）以个人名义承接建设工程造价咨询业务；

（八）允许他人以自己名义从事建设工程造价咨询业务；

（九）出具虚假建设工程造价咨询业务成果文件；

（十）法律、法规、规章禁止的其他行为。

第三十八条　建设工程造价咨询企业分支机构不得以分支机构名义承接建设工程造价咨询业务。

第三十九条　发包人或者承包人对建设工程造价咨询企业出具的成果文件有异议的，由省住房和城乡建设行政主管部门组织专家对成果文件进行鉴定，经鉴定，成果文件符合建设工程造价规定的，发包人、承包人应当执行；不符合建设工程造价规定的，发包人、承包人应当以鉴定结论作为建设工程造价活动的依据。

第四十条　建立健全建设工程造价咨询企业及业务人员信用档案。由住房和城乡建设行政主管部门按照国家有关规定对其诚信行为定期考核、评价，并向社会公布。

第五章　法　律　责　任

第四十一条　发包人有下列行为之一的，由县级以上住房和城乡建设行政主管部门责令改正，逾期不改正的，处以 1 万元以上 3 万元以下罚款：

（一）应当实行工程量清单计价方式招标未实行的；

（二）未公布招标控制价的；

（三）未执行建筑工程质量安全成本的；

（四）未按约定时间办理建设工程结算的；

（五）无编制招标控制价能力编制招标控制价的；

（六）委托不具有相应资质的建设工程造价咨询企业编制招标控制价的。

第四十二条　建设工程造价咨询企业、从事建设工程造价咨询业务的专业人员存在本办法第三十六条、第三十七条规定禁止行为的，由县级以上住房和城乡建设行政主管部门按有关法律、法规的规定处罚。

第六章　附　　则

第四十三条　本办法所称从事建设工程造价咨询业务的专业人员，指注册造价工程师、全国造价员。

第四十四条　本办法自公布之日起施行。

第7章 辽宁地区

7.1 辽宁省建设工程造价管理总站发布2013年1月份建筑工程材料价格综合指数

2013年1月份建筑工程材料价格综合指数

指数(%) 月份 / 市别	1月	指数(%) 月份 / 市别	1月
沈阳	15.77	阜新	9.25
大连	17.55	辽阳	11.62
鞍山	10.29	铁岭	9.30
抚顺	11.21	朝阳	5.95
本溪	12.90	盘锦	14.52
丹东	11.58	葫芦岛	7.63
锦州	11.44	绥中	8.86
营口	10.47		

7.2 辽宁省建设工程造价管理总站发布2012年12月份建筑工程材料价格综合指数

2012年12月份建筑工程材料价格综合指数

指数(%) 月份 / 市别	12月	指数(%) 月份 / 市别	12月
沈阳	14.52	阜新	8.10
大连	17.69	辽阳	10.27
鞍山	8.19	铁岭	7.59
抚顺	9.79	朝阳	3.97
本溪	11.30	盘锦	12.79
丹东	10.00	葫芦岛	7.76
锦州	11.99	绥中	7.35
营口	8.86		

7.3 辽宁建设工程造价管理总站发布2012年第四季度建设工程人工费指数

根据《关于建设工程人工费实行动态管理的通知》（辽住建［2011］380号）文件精神，经测算，我省2012年第四季度建筑、装饰、安装、园林、房屋修缮工程人工费指数为26%；市政工程人工指数为16%。

辽宁建设工程造价管理总站

7.4 关于印发《2012年辽宁省建设工程结算工作会议纪要》的通知

各市造价管理站（处），绥中、昌图县建设局：

为了做好2012年我省建设工程结算工作，我们于2012年11月13日在沈阳召开了全省建设工程结算工作会议，现将会议纪要发给你们，作为我省建设工程结算的依据。在执行中遇到的问题反馈给省建设工程造价管理总站。

辽宁省建设工程造价管理总站

二〇一二年十一月二十八日

7.5 2012年辽宁省建设工程结算工作会议纪要

一、综合性问题

（一）招标控制价编制与备案的问题

1. 招标控制价的编制

根据《辽宁省建设工程招标控制价管理规定》（辽住建发［2012］27号）精神，国有资金投资或国有资金投资为主的建设工程项目，应编制招标控制价。

招标控制价是指发包人根据省建设工程造价管理部门颁布的建设工程造价计价依据、按设计文件和常规的施工方法计算的、对建设工程项目限定的最高工程造价。

因此，编制招标控制价应该考虑拟建工程的全部费用，包括人工费指数及10%风险因素和材料价格指数及5%的风险因素等。

2. 招标控制价的编制主体

招标控制价应由具有编制能力的发包人，或受其委托的具有相应资质的工程造价咨询企业编制。一个工程项目只能编制一个招标控制价。

3. 招标控制价的备案

招标控制价实行备案制度，发包人在公布招标控制价前，应将招标控制价报工程所在地市、直管县建设工程造价管理部门备案。

经备案的招标控制价应及时公布，不得只公布招标控制价总价。任何部门不得违反本规定和工程造价相关规定上调或下浮已备案的招标控制价。

（二）关于人工费等价格调整的问题

1. 2010 年《房屋修缮工程计价定额》、《市政维修工程计价定额》人工费如何执行建设工程人工费的动态管理？

按照《关于发布 2011 年第四季度建设工程人工费指数的通知》（辽建价发［2011］20 号）文件的规定执行。《房屋修缮工程计价定额》、《市政维修工程计价定额》中的人工费已经包含了辽住建［2010］36 号文件上调的每工日 5 元，因此调整人工费是由定额人工费加上辽住建发［2011］5 号文件规定的每工日上调 8 元做为调整人工费指数的基数。其中《市政维修工程计价定额》执行市政人工费指数。

2. 2010 年《房屋修缮工程计价定额》、《市政维修工程计价定额》如何调整的安全文明施工措施费？

在 2010 年《房屋修缮工程计价定额》、《市政维修工程计价定额》中规定的安全文明施工措施费系数 2%和 5%基础上加 5.5%，即调整后系数为 7.5%和 10.5%。该调整从 2012 年 3 月 6 日起执行。

3. 由于发包人的原因，工程中标后没有按规定的时间开工，人工费、材料费、规费可否按实际开工时的价格、系数进行调整？

由于发包人的原因，工程没有在规定的时间内开工，致使承包人的投标价格与实际施工期的价格不符，承发包双方可根据《辽宁省建设工程造价信息动态管理暂行办法》（辽建［2008］147 号）文件和《关于建设工程人工费实行动态管理的通知》（辽住建［2011］380 号）文件的规定做补充协议，调整人工费和材料费；规费按照投标时建设工程造价管理部门核定的系数计取。

4. 夜间施工增加费中人工降效费，如何调整？

计价定额实行人工费工资单价调整和动态管理，夜间施工增加费也应做相应调整，调整办法为夜间施工增加费中人工降效费由原来的每工日 8 元，调整为每工日 13 元。

（三）规费问题

1. 关于省市相关部门按工程项目向施工企业收取的其他费用问题

省市相关部门按工程项目向施工企业收取的其他费用，建设单位应根据施工企业在该项工程中所缴纳费用的缴费凭证实报实销。

2. 企业在招标后进行规费核定，是按招标后核定费率还是投标时的费率执行？

根据《辽宁省施工企业规费计取管理办法》（辽建发［2006］30 号）和《关于施工企业规费计取标准核定有关问题的通知》（辽建价发［2009］5 号）文件的规定，施工企业应按工程造价管理部门核定的规费计取标准计取规费，如果在招标时没有核定规费计取标准，则按最低标准进行计价。在招标后核定的规费计取标准，不能做为该工程规费计取的依据。

3. 如何查询施工企业规费计取标准？

在辽宁省建设工程造价管理总站的政务网（www. lnzj. com. cn）和辽宁建设工程信息网站（www. lncci. com）均可查询。

（四）总承包服务费和建设工程类别划分问题

1. 总承包服务费

总承包服务费是建设单位进行专业工程发包、自行采购材料时，要求总承包单位提供服务而向总承包单位支付的费用。因此，建设单位不应扣减分包单位的费用，总承包单位也不应向分包单位收取费用。

2. 工程类别划分问题

建筑工程项目工程类别确认是以单项工程为对象的，所谓单项工程，是指有独立的设计文件，可独立施工，竣工后可以独立发挥作用的建筑物。所以应根据建筑物的设计图是否是一套完整的、独立的设计文件，来确认是否为一个单项工程。

对于同时有建筑、道路、园林等综合建设项目，应该按其不同专业，分别确定其工程类别。

（五）其他问题

1. 建筑高层脚手架卸载使用的槽钢、工字钢摊销问题

埋设在混凝土中不能周转的型钢按一次摊销；能够周转使用的部分按15%摊销。

2. 目前我省使用的2008年《辽宁省建设工程计价定额》符合国家相关规定和我省实际，省造价管理总站在三年内没有编制新定额计划，对于2008年计价定额个别项目中存在的问题，我们将逐步完善。

二、定额问题

（一）建筑工程

1. 标准、非标准砖砌体的工程量，应按设计图示尺寸计算。

2. 空心砖墙按施工规范不得留脚手眼，外墙须设置脚手架拉结锚固钢筋的，其钢筋量可按批准的施工组织设计计算钢筋实际用量，套用铁件项目。

3. 剪力墙结构工程中，洞口上方的墙高小于1.2m，洞口长度是洞口上方墙高的1.5倍以上，该洞口上方墙体模板执行过梁模板子目（特制大型钢模板除外），其他不变。

4. 目前井点降水工程的施工工艺与定额子目相差较大的，潜水泵台班和运行所需的人工工日可按实际签证计算。

（二）装饰工程

1. 初级装修和高级装修工程的确定

初级装修是没有单独的装修工程设计，包括在建筑工程设计图纸内的装修工程项目。

高级装修是具有独立的设计，可以独立组织施工的装修工程。

2. 高差在200mm以内的跌级天棚执行平面天棚定额子目，其基层、面层的工程量按展开面积计算。

（三）安装工程

1. 刷油工程项目，只要型钢有一个翼宽度在400mm以上，该型钢的刷油工程量按展开面积计算。

2. 采暖系统调试费，仅适用于建筑物室内采暖工程；给排水工程不计算系统调试费。

7.6 辽宁省建设工程造价管理总站发布2012年10月份建筑工程、市政道路工程材料价格综合指数

2012年10月份建筑工程材料价格综合指数

指数(%) 月份 / 市别	10月	指数(%) 月份 / 市别	10月
沈　阳	17.29	阜　新	4.27
大　连	21.45	辽　阳	10.91
鞍　山	13.65	铁　岭	10.19
抚　顺	12.60	朝　阳	7.45
本　溪	14.42	盘　锦	17.05
丹　东	12.11	葫芦岛	9.59
锦　州	16.09	绥　中	10.21
营　口	12.96		

2012年10月份市政道路工程材料价格综合指数

指数(%) 月份 / 市别	10月	指数(%) 月份 / 市别	10月
沈　阳	66.87	阜　新	78.03
大　连	65.81	辽　阳	61.91
鞍　山	62.11	铁　岭	69.57
抚　顺	68.08	朝　阳	64.42
本　溪	69.15	盘　锦	92.57
丹　东	75.67	葫芦岛	67.08
锦　州	75.27	绥　中	61.57
营　口	65.01		

7.7 辽宁省2012年9月份建筑工程和市政道路工程材料价格综合指数

2012年9月份建筑工程材料价格综合指数

指数(%) 月份 / 市别	9月	指数(%) 月份 / 市别	9月
沈阳	17.67	阜新	5.78
大连	21.66	辽阳	11.55
鞍山	12.55	铁岭	7.91
抚顺	11.93	朝阳	6.17
本溪	12.98	盘锦	16.30
丹东	13.42	葫芦岛	7.57
锦州	16.75	绥中	12.19
营口	10.57		

2012年9月份市政道路工程材料价格综合指数

指数(%) 月份 / 市别	9月	指数(%) 月份 / 市别	9月
沈阳	66.87	阜新	78.03
大连	65.81	辽阳	65.19
鞍山	62.11	铁岭	68.37
抚顺	68.92	朝阳	64.42
本溪	69.15	盘锦	92.29
丹东	76.09	葫芦岛	67.08
锦州	76.23	绥中	60.32
营口	65.01		

7.8 辽宁建设工程造价管理总站公布辽宁省2012年第三季度建议工程人工费指数

根据《关于建设工程人工费实行动态管理的通知》（辽住建［2011］380号）文件精

神，经测算，我省2012年第三季度建筑、装饰、安装、园林、房屋修缮工程人工费指数为32%；市政工程人工指数为22%。

辽宁建设工程造价管理总站

7.9 辽宁省建设工程造价管理总站发布2012年8月份建筑工程、市政道路工程材料价格综合指数

2012年8月份建筑工程材料价格综合指数

指数(%) 月份 / 市别	8月	指数(%) 月份 / 市别	8月
沈阳	20.29	阜新	10.75
大连	23.74	辽阳	12.14
鞍山	13.50	铁岭	12.01
抚顺	16.88	朝阳	7.18
本溪	12.98	盘锦	19.16
丹东	17.29	葫芦岛	10.28
锦州	21.72	绥中	17.17
营口	14.76		

2012年8月份市政道路工程材料价格综合指数

指数(%) 月份 / 市别	8月	指数(%) 月份 / 市别	8月
沈阳	67.46	阜新	78.03
大连	65.81	辽阳	65.19
鞍山	62.11	铁岭	68.37
抚顺	66.40	朝阳	64.42
本溪	67.13	盘锦	92.18
丹东	76.09	葫芦岛	67.08
锦州	76.23	绥中	60.32
营口	65.01		

7.10　辽宁省建设工程造价管理总站发布 2012 年 7 月份建筑工程、市政道路工程材料价格综合指数

2012 年 7 月份建筑工程材料价格综合指数

指数(%)　月份 市别	7 月	指数(%)　月份 市别	7 月
沈　阳	24.21	阜　新	14.11
大　连	26.28	辽　阳	17.07
鞍　山	18.38	铁　岭	15.08
抚　顺	17.59	朝　阳	11.48
本　溪	17.80	盘　锦	24.12
丹　东	18.39	葫芦岛	15.19
锦　州	23.37	绥　中	19.12
营　口	18.53		

2012 年 7 月份市政道路工程材料价格综合指数

指数（%）　月份 市别	7 月	指数（%）　月份 市别	7 月
沈阳	71.07	阜新	76.58
大连	65.81	辽阳	65.19
鞍山	62.11	铁岭	66.66
抚顺	64.71	朝阳	64.42
本溪	67.13	盘锦	92.18
丹东	76.75	葫芦岛	67.08
锦州	75.75	绥中	62.31
营口	62.73		

7.11　辽宁省建设工程造价管理总站发布2012年6月份建筑工程、市政道路工程材料价格综合指数

2012年6月份建筑工程材料价格综合指数

指数（%）　月份 市别	6月	指数（%）　月份 市别	6月
沈阳	25.13	阜新	16.74
大连	27.45	辽阳	19.08
鞍山	19.66	铁岭	20.04
抚顺	20.15	朝阳	12.49
本溪	21.14	盘锦	25.24
丹东	21.38	葫芦岛	15.51
锦州	25.19	绥中	19.32
营口	19.74		

2012年6月份市政道路工程材料价格综合指数

指数（%）　月份 市别	6月	指数（%）　月份 市别	6月
沈阳	71.07	阜新	74.25
大连	69.43	辽阳	64.86
鞍山	60.90	铁岭	68.62
抚顺	64.71	朝阳	64.42
本溪	67.13	盘锦	92.18
丹东	79.48	葫芦岛	67.08
锦州	72.14	绥中	60.86
营口	62.73		

7.12　辽宁省2012年第一季度建设工程人工费指数

根据《关于建设工程人工费实行动态管理的通知》（辽住建［2011］380号）文件精神，经测算，我省2012年第一季度建筑、装饰、安装、园林、房屋修缮工程人工费指数为25%；市政工程人工指数为15%。

辽宁建设工程造价管理总站

7.13 辽宁省建设工程造价管理总站发布2012年2月份建筑工程材料价格综合指数

2012年2月份建筑工程材料价格综合指数

指数（%） 月份 市别	2月	指数（%） 月份 市别	2月
沈阳	25.25	阜新	18.51
大连	26.55	辽阳	17.17
鞍山	16.28	铁岭	19.57
抚顺	18.59	朝阳	14.38
本溪	21.88	盘锦	27.26
丹东	21.11	葫芦岛	17.47
锦州	24.87	绥中	18.17
营口	20.13		

7.14 关于调整建设工程税金计取标准的通知

沈建发［2011］77号

各建设、设计、监理、施工、工程造价咨询单位：

根据《辽宁省人民政府关于调整地方教育附加征收标准有关问题的通知》（辽政发［2011］4号）文件精神，结合我市建设行业的实际，调整后的营业税计取标准按工程所在地划分如下：

市内、县级市市区计取标准为3.477%；县、镇计取标准为3.413%；乡计取标准为3.284%。

本标准自2011年2月1日起执行。

沈阳市城乡建设委员会
沈阳市城市建设管理局
沈阳市财政局

7.15 关于调整《辽宁省建设工程计价定额》人工日工资单价的通知

辽住建发［2011］5号

各市建委、财政局：

根据我省建筑市场人工单价的实际情况，经研究决定对2008年《辽宁省建设工程计价定额》中人工日工资单价，在2010年《关于调整2008年〈辽宁省建设工程计价定额〉人工日工资单价的通知》（辽住建［2010］36号）文件基础上，再调增8元/工日。具体调整方法如下：

一、本次人工日工资单价调整从文件发布之日起执行。

二、本文件执行之日起以后实际完成的工程量，没有按2010年《关于调整2008年〈辽宁省建设工程计价定额〉人工日工资单价的通知》（辽住建〔2010〕36号）文件规定调增5元/工日的，调增13元/工日；已调增5元/工日的，按照本文件规定调增8元/工日。

三、机械台班中的人工日工资单价也按本文件规定调整，计入机械费。

四、本次调整后的人工、机械费作为各项费用的取费基数。

五、本文件执行之日以前已完成的工程量不得按本文件规定调整。

二〇一一年一月二十八日

7.16 关于调整2008年《辽宁省建设工程计价定额》人工日工资单价的通知

辽住建［2010］36号

各市建委、财政局：

根据我省建筑市场人工单价的实际情况，经研究决定对2008年《辽宁省建设工程计价定额》中人工日工资单价进行调整，调整标准为每工日增加5元。即原普工、技工日工资单价由40元／工日、55元／工日、65元／工日，调整为45元／工日、60元／工日、70元／工日。机械台班中的人工日工资单价也做相应调整，计入机械台班单价中。调整后的人工费、机械费作为各项费用的计取基数。

人工日工资单价调整从文件发布之日起执行。招投标工程在本文件发布之日前已发出招标文件或非招投标工程已签订施工合同的，不予调整。

二〇一〇年一月二十一日

7.17 关于印发《2010年辽宁省建设工程结算工作会议纪要》的通知

辽建价发［2010］16号

各市造价管理站（处）、财政局经济建设处（科）：

为了做好2010年我省建设工程结算工作，我们于2010年12月8日在沈阳召开了全省建设工程结算工作会议，现将会议纪要发给你们，作为我省建设工程结算的依据，请认真贯彻执行，并将在执行中遇到的问题反馈给省建设工程造价管理总站。

二〇一〇年十二月二十八日

7.18 2010年辽宁省建设工程结算工作会议纪要

1. 为了加强补充单位估价表管理，从2011年1月1日起，2008年《辽宁省建设工程计价定额》中缺项项目，需做补充单位估价表。补充单位估价表应由发包人和承包人共同提出，经市造价管理部门审核，报省造价管理总站审核备案后，方可作为结算依据。

2. 根据建设部、财政部《关于印发〈建筑安装工程费用项目组成〉的通知》（建标[2003] 206号）文件的规定，建筑安装工程费是由直接费、间接费、利润和税金组成。对于不属于该文件规定的费用，应由发包人承担。如果已由承包人实际支付的，可将该费用列入其他项目费。

3. 建筑物屋顶上，不能计算建筑面积的装饰性结构，其脚手架费用按实际搭设计算，垂直运输费用按该部分结构的人工费与机械费之和乘以系数0.15计算。

4. 根据《建筑工程建筑面积计算规范》（GB/T 50353—2005）的规定，建筑物内的设备管道夹层不应计算建筑面积。如设备管道夹层高度超过2.2m时，该夹层面积应作为计算综合脚手架、垂直运输费、水泵加压台班费的计算基数。

5. 机械挖冻土工程，冻土层厚度在300mm以内时，不计算挖冻土费用；冻土层厚度超过300mm时，冻土层破碎工程量（全部冻土体积），执行2008年《市政工程计价定额》D.1土石方工程中的1-334机械破碎松石子目。破碎后冻土层的工程量执行相应定额的机械挖土定额子目。

6. 现浇混凝土楼梯其混凝土实际用量超过定额含量时，混凝土量可以按实调整，其他不变。

7. 2010年《房屋修缮工程计价定额》垂直运输费已经含在各项目中，垂直运输是按人工运输考虑的，如采用机械运输不予调整。水平运距按50m考虑，超过50m时，按实计算。

8. 钢筋规格搭接计算方法：规格搭接按照定额工程量计算规则计算，如果规格搭接采用机械连接方式，且计取机械连接费用时，应从规格搭接的接头数量中扣除相应的机械搭接接头数量。

9. 装饰装修工程的油漆、涂料、刮大白、裱糊工程量按实际展开面积计算。

10. 市政道路工程中使用成品沥青混凝土的，其沥青炼制与沥青混凝土加工搅拌费已经包含在成品价格中，不得重复计算。

11. 2008年《辽宁省建设工程计价定额》中机械台班的燃料动力费可按实调整。其调整方法为：机械台班燃料动力消耗量按2008年《辽宁省建设工程机械台班费用标准》中给定的燃料动力消耗量，单价按市场价格调整，差价计入材料费中。如2008年《辽宁省建设工程机械台班费用标准》中没有该种机械的燃料动力消耗量，则应按该种机械产品说明书中给定的理论消耗量计算。

7.19 大连市建筑工程安全防护文明施工措施费用管理办法的通知

各区、市、县建设行政主管部门，各有关单位：

为加强建筑工程安全和文明施工管理，防止建筑施工安全事故发生，根据《中华人民共和国安全生产法》、《中华人民共和国建筑法》、《建设工程安全生产管理条例》和省住房和城乡建设厅《辽宁省建筑工程安全文明施工费管理实施细则》，结合我市实际，市建委重新修订完善了《大连市建筑工程安全防护、文明施工措施费用管理办法》，现印发给你们，自2010年1月1日起执行。同时原《大连市建筑工程安全防护文明施工措施费用管理办法》（大建安发［2006］238号）文件废止。2010年1月1日起，凡在大连市行政区域内承揽建设工程的建筑施工企业应在中国工商银行股份有限公司大连市分行青泥洼桥支行开设本单位安措费专用账户，并开通网上银行业务。

二〇〇九年十二月二十三日

7.20 大连市建筑工程安全防护文明施工措施费用管理办法

第一条 为加强建筑工程安全生产、文明施工的管理，保证施工现场安全防护文明施工费用的投入，提高建筑施工现场安全防护文明施工管理水平，不断改善施工现场安全生产条件和生活环境，根据省住房和城乡建设厅《辽宁省建筑工程安全文明施工费管理实施细则》要求，结合我市实际，制定本办法。

第二条 本办法适用于新建、扩建、改建的房屋建筑工程（包括与其配套的线路管道和设备安装工程、装饰装修工程）、市政基础设施工程和拆除工程。

第三条 安全防护文明施工措施费（简称安措费）是指按照国家现行的建筑施工安全、施工现场环境与卫生标准和有关规定，购置和更新安全防护用具及设施、落实安全施工措施、改善安全生产条件和作业环境所需的费用。

第四条 安措费由《建筑安装工程费用项目组成》（建标〔2003〕206号）中的文明施工费、环境保护费、临时设施费及安全施工费组成。其中安全施工费由临边、洞口、交叉、高处作业安全防护费，危险性较大工程安全措施费及其他费用组成。

建筑工程造价计价时，应依据本年度执行的《辽宁省建设工程费用标准》计取安措费。建设单位对建筑工程安全防护、文明施工措施有其他要求的，所发生费用一并计入安措费。

安措费为不可竞争性费用，不得删减，在计价中单列并计入总价。

第五条 依法进行工程招投标项目，招标方或招标代理机构编制招标文件时，应按照有关规定并结合工程实际单独列出安全防护、文明施工措施项目清单。

投标方应对安全防护、文明施工措施项目单独报价。

第六条 建设单位与施工单位在签定施工合同中应依据中标通知书明确安措费额度、预付计划、调整方式、专款专用及违约赔款等内容。非招标项目，应依照本细则或《财政部、国家安全生产监督管理总局关于印发〈高危行业企业安全生产费用财务管理暂行办法〉的通知》(财企〔2006〕478号)将安措费单独列出。合同解除或变更，建设单位应及时书面告知建设行政主管部门。

第七条 安措费是保证施工现场安全生产条件的重要具体措施。建设单位应在办理施工项目安全监督受理书前将安措费一次性全额存入施工单位安措费专用账户，存入时应在单据摘要栏或备注栏注明项目名称。建设单位在办理安全监督受理书、领取施工许可证时，应提供安措费存入凭证。

第八条 中国工商银行股份有限公司大连市分行青泥洼桥支行为安措费监管业务承办行，凡在大连市行政区域内承揽建设工程的建筑施工企业应在该行开设安措费专用账户，并开通网上银行业务，专户资金不可提取现金。施工单位应在施工组织设计文件中制定安全防护、文明施工措施方案，并列出安措费使用计划，确保专款专用。安措费使用情况应在企业财务管理中按单位工程专户核算，单列备查。

总承包单位将建筑工程分包给其他单位的，应在分包合同中明确安措费事项，并由总承包单位统一管理。安全防护、文明施工措施由分包单位实施的，分包单位应制定专项安全防护措施施工方案。总承包单位应及时向分包单位拨付安措费。

第九条 施工单位应按《建筑施工现场环境与卫生标准》(JGJ 146—2004)、《建筑施工安全检查标准》(JGJ 59—99)和《大连市建筑工程文明施工管理办法》，保证每项工程安全防护、文明施工所需资金的有效投入，确保安措费的专项使用。施工现场必须达到安全质量标准化合格工地标准。

第十条 工程监理单位应当对施工单位落实安全防护、文明施工措施情况进行现场监理。对施工单位已经落实的安全防护、文明施工措施，总监理工程师应当及时审查并签认所发生的费用。监理单位发现施工单位未落实施工组织设计及安全专项施工方案中安全防护、文明施工措施的，有权责令其立即整改；对施工单位拒不整改或未按期限要求完成整改的，工程监理单位应当及时向建设单位和建设行政主管部门报告，并责令其暂停施工。

第十一条 各级建设行政主管部门或其委托的安全监督管理机构应按照属地化管理的原则，对建设单位缴存和施工单位申请、使用安全文明施工费情况进行监督，按照现行建筑施工安全检查标准规范对施工现场进行安全检查，并依据检查结果对施工单位使用安全文明施工费提出整改意见。对达到安全质量标准化合格的现场，应以书面形式告知该现场为安全质量标准化合格工地。对单位工程的安全文明施工状况按强制性标准进行综合评定，记入安全监督档案。

第十二条 安措费专项资金采用专款专用、阶段申请的方式管理。

(一)工程开工时，经开工安全条件审查合格，建筑施工企业可申请使用安措费总额的50%。

(二)当工程主体结构施工(包括装饰装修、机电设备安装等施工工程)完成其工程量的50%时，经检查建筑施工企业合理使用第一次拨付的安措费，施工现场达到安全质量标准化合格标准的，建筑施工企业可申请使用安措费总额的40%，未达到的责令限期整改，合格后可申请使用。

(三)工程竣工后，经检查核实施工现场一直保持安全文明施工水平的，建筑施工企业可申请使用安措费总额的10%。

(四)工程建设过程中，对接到限期整改通知书拒不整改或整改后未达到安全质量标准化合格标准的不予解付，工程竣工后，剩余安措费将拨回建设单位。

第十三条 施工单位在向市建筑安全监督管理机构和区、市、县建筑安全监督管理机构申请使用建筑工程安措费用时应分别提供以下资料：

（一）工程开工时，提供安措费使用申请表；安措费上缴报告单；加盖建设单位公章的安全防护、文明施工措施费专项存款凭证复印件；施工单位工程项目安全防护、文明施工措施计划。

（二）第二次申请时，提供安措费使用申请表；施工现场检查表；施工单位已购买安全文明施工措施项目费用清单及凭证；项目监理部总监理工程师审查并签认所发生的费用审查意见；建筑安全监督管理机构对工程项目的安全质量标准化合格工地书面告知书。

（三）第三次申请时，提供安措费使用申请表；竣工项目安全生产评价申请表；建筑安全监督管理机构对工程项目的安全生产评价意见。

第十四条 办理安措费解付时，需按下列程序进行：

（一）施工单位在申请使用安措费时，应于当月 10 日前向工程所在地区、市、县建筑安全监督机构递交相应申请阶段的有关材料。

（二）各区、市、县建筑安全监督机构应在当月 15 日前将审查合格的申请材料签字盖章报市建筑安全监督管理站。

（三）市建筑安全监督管理站经审查合格，当月 25 日前签字盖章将申请材料转送中国工商银行股份有限公司大连市分行青泥洼桥支行。

（四）中国工商银行股份有限公司大连市分行青泥洼桥支行在接到市建筑安全监督管理站转送的申请材料后，经审查合格，应在当月 30 日前将各项目本次申请使用的安措费解除监管，并发送短信通知施工企业。

第十五条 招标方或招标代理机构未单独列出安措费项目清单的，依据《中华人民共和国招标投标法》有关规定，中标无效，由建设工程招投标管理部门责令重新招标。

投标人未单列安措费或单列但删减的，以及对建设单位提出安全防护、文明施工措施其他要求的费用未一并计入安措费的，评标时视为不响应招标文件实质性要求或违反国家有关法规，作废标处理。

第十六条 建设单位未提供安措费，对施工单位提出施工要求的，由建设行政主管部门或其委托的安全监督管理机构依据《建设工程安全生产管理条例》第五十四、五十五条规定处罚。

第十七条 施工单位挪用安措费的，由建设行政主管部门或其委托的安全监督管理机构依据《建设工程安全生产管理条例》第六十三条规定处罚，并视为不良行为计入企业信誉档案。

第十八条 施工单位未及时落实安全防护、文明施工措施或安全防护、文明施工措施不符合安全生产法律、法规、规章和标准规范的，由建设行政主管部门或其委托的安全监督管理机构依据《建设工程安全生产管理条例》第六十二、六十四、六十五条或《辽宁省建设工程安全生产管理规定》第十八、十九、二十一条规定处罚，并视为不良行为计入企业信誉档案。

总承包单位未及时向分包单位拨付安措费，造成分包单位安全防护、文明施工措施落实不到位导致发生事故的，由总承包单位负主要责任。

第十九条 监理单位未履行本细则的安全监理责任，由建设行政主管部门或其委托的安全监督管理机构依据《建设工程安全生产管理条例》第五十七条或《辽宁省建设工程安全生产管理规定》第二十、二十一条规定处罚，并视为不良行为计入企业信誉档案。

第二十条 任何单位或个人，不得批准减免、缓存、缓支或挪用安全文明施工费。

第二十一条 建设行政主管部门和其他有关行政管理部门的工作人员有下列行为之一的，由其所在单位或者上级主管机关给予行政处分；构成犯罪的，依照刑法有关规定追究刑事责任：

（一）对未按本办法预付安全文明施工费的工程受理安全施工措施审查或颁发施工许可证的；

（二）对招投标未单独列出安全防护、文明施工措施项目清单及安全文明施工费未单独列项、单独计取或删减不予纠正的；

（三）发现违法行为不予查处的；

（四）不依法履行监督管理职责的其他行为。

第二十二条 各专户资金在未解付前所产生的利息，统一作为全市建筑安全发展和奖励基金，用于表彰先进、提升监管能力和发展全市建筑安全生产管理工作使用。

第二十三条 本办法自2010年1月1日起施行，同时原《大连市建筑工程安全防护文明施工措施费用管理办法》（大建安发〔2006〕238号）文件废止。

第8章 河 北 地 区

8.1 河北实施新的工程计价依据

河北省工程建设造价管理总站于2010年9月启动新一轮建设工程计价依据编制工作，举全省造价管理系统之力，历经近两年时间，修编完成河北省建筑、装饰装修、安装、市政等4部消耗量定额及费用标准、材料价格、机械台班单价，日前颁布实施。

新的河北建设工程计价依据在编制过程中，针对市场发展需求，摒弃了许多不符合市场做法的计价方式，补充了大量成熟的新材料、新技术、新工艺及节能环保项目，用定额的杠杆作用来体现和鼓励优质优价、安全生产文明施工、建筑节能。同时，以计价依据编制为契机，出台了多项相关配套政策措施。其先进性、适用性和前瞻性，在国内工程建设造价领域拔得头筹。

新的河北建设工程计价依据在全国率先采取周转材料租赁编制方法，极大地满足了市场计价的需求；将综合机械细分为单机种单规格分别编制，大大方便了企业报价；将垂运费、超高费计算进行科学调整，进一步适应高层和超高层建筑发展需要。各专业定额之间在子目名称上进行了规范，在定额水平上进行了平衡，提高了整套计价依据的整体一致性和统一规范性。实行规费计取标准核准，并纳入建筑市场监管环节，鼓励引导建筑企业做大做强、保障职工的合法权益。创新了人工单价管理模式，既统一管理，又适度放开，使人工单价的地域差异、动态变化得到客观体现，进一步满足了工程计价的现实需求。

8.2 河北省调整现行建设工程计价依据中综合用工单价

各设区市住房和城乡建设（建设）局，发展和改革委员会，省直有关部门，华北石油管理局：

根据我省当前建筑市场工人工资情况，经研究，决定对我省现行建设工程计价依据中的综合用工单价进行调整，现将具体调整方法通知如下：

一、综合用工一类单价由58元/工日调至70元/工日，综合用工二类单价由52元/工日调至60元/工日，综合用工三类单价由39元/工日调至47元/工日。清、借工按照市场行情确定。

二、编制新建项目投资估算、设计概算均按本通知调整人工费。

三、以系数方式计算的措施项目和机械台班中，人工费均按综合用工二类计算差价，计算方法如下：

（一）以系数方式计算的措施项目中人工费：

人工费差价＝(措施项目中基期人工费/40)×(60－40)

（二）机械台班中人工费：

人工费差价＝(机械台班中基期人工费/40)×(60－40)

四、本次综合用工单价调增部分做差价处理，只计取税金。

五、本次调整自2012年1月1日起执行。2012年1月1日前已竣工结算的工程和在建工程已完成的工程量不再调整。施工合同有约定人工调整的，按合同约定执行；合同无约定的，按本通知调整。

六、各设区市建设行政主管部门可根据本市实际情况，测算确定本地人工市场指导价，并按有关规定报省工程建设造价管理总站审核。

七、本次综合用工单价调整后仍不能满足实际工程需要的，承发包双方可以参照当地人工市场指导价或根据市场行情在合同中进行约定。

八、本通知由河北省工程建设造价管理总站负责解释。

二〇一二年三月二十七日

第9章 湖 北 地 区

9.1 关于执行《房屋建筑与装饰工程工程量计算规范》（GB 50584—2013）等9项工程量计算规范有关问题的通知

鄂建文〔2013〕39号

各市、州、直管理市、神农架林区住房和城乡建设委员会，各有关单位：

国家标准《建设工程工程量清单计价规范》（GB 50500—2013）、《房屋建筑与装饰工程工程量计算规范》（GB 50584—2013）等9项工程量计算规范将于2013年7月1日起实施。为做好新规范的贯彻实施工作，现对《房屋建筑与装饰工程工程量计算规范》（GB 50584—2013）等9项工程量计算规范中需要进一步明确的问题及计量单位作统一规定（详见附件），请遵照执行。

附件：1. 各专业工程工程量计算规范有关问题的明确 . doc

2. 各专业工程工程量计算规范清单项目计量单位取定表 . xls

湖北省住房和城乡建设厅

2013年5月21日

附件1：

各专业工程工程量计算规范有关问题的明确

一、《房屋建筑与装饰工程工程量计算规范》（GB 50854—2013）

1. “A. 1 土方工程　注9”：挖沟槽、基坑、一般土方因工作面和放坡增加的工程量（管沟工作面增加的工程量），并入各土方工程量中，办理工程结算时，按经发包人认可的施工组织设计规定计算，编制工程量清单时，可按表A. 1-3～表A. 1-5规定计算。

2. “A. 1 土方工程　表A. 1-2　注3”：设计密实度超过规定的，填方体积按工程设计要求执行；无设计密实度要求的，编制工程量清单时，按天然密实度体积计算，结算时应根据实际情况由发包人和承包人双方现场签证确认土方状态，再按表A. 1-2系数执行。

3. “A. 2 石方工程　新增”：挖沟槽、基坑、一般石方因工作面和放坡增加的工程量，并入各石方工程量中。编制工程量清单时，其所需增加的工程数量可为暂估值，且在清单项目中予以注明；办理工程结算时，按经发包人认可的施工组织设计规定计算。

4. “S. 3 垂直运输和S. 4 超高施工增加”：如采用现行《湖北省建筑工程消耗量定额及统一基价表》（垂直运输工程）体系进行组价的工程，编制工程量清单时，仅编制

“011703001垂直运输”一项清单，不另编制“011704001超高施工增加”清单项目，“011704001超高施工增加”清单项目的项目特征、工程量计算规则和工作内容合并入“011703001垂直运输”清单项目中，且在清单项目特征中予以注明。

二、《仿古建筑工程工程量计算规范》(GB 50855—2013)

“K.3垂直运输（021003001～021003005）和K.4超高施工增加”：如采用现行《湖北省建筑工程消耗量定额及统一基价表》（垂直运输工程）体系进行组价的工程，编制工程量清单时，仅编制“021003001～021003005垂直运输”一项清单，不另编制“021004001超高施工增加”清单项目，“021004001超高施工增加”清单项目的项目特征、工程量计算规则和工作内容合并入“021003001～021003005垂直运输”清单项目中，且在清单项目特征中予以注明。

三、《市政工程工程量计算规范》(GB 50857—2013)

1.“A.1土方工程　注6”：挖沟槽、基坑、一般土方因工作面和放坡增加的工程量，并入各土方工程量中。编制工程量清单时，可按表A.1-2、表A.1-3规定计算；办理工程结算时，按经发包人认可的施工组织设计规定计算。

2.“A.1土方工程　新增”：市政工程“土方体积折算系数表”参照《房屋建筑与装饰工程工程量计算规范》(GB 50854—2013)“A.1土方工程　表A.1-2”执行。

3.“A.2石方工程　注4”：挖沟槽、基坑、一般石方因工作面和放坡增加的工程量，并入各石方工程量中。编制工程量清单时，其所需增加的工程数量可为暂估值，且在清单项目中予以注明；办理工程结算时，按经发包人认可的施工组织设计规定计算。

四、《城市轨道交通工程工程量计算规范》(GB 50861—2013)

“A.1土方工程　注6”：挖沟槽、基坑、一般土方因工作面和放坡增加的工程量（管沟工作面增加的工程量），并入各土方工程量中，办理工程结算时，按经发包人认可的施工组织设计规定计算，编制工程量清单时，可按表A.1-2、表A.1-3规定计算。

附件2：

各专业工程工程量计算规范清单项目计量单位取定表

<table>
<tr><th rowspan="2">序号</th><th rowspan="2">规范附录</th><th rowspan="2">项目编码</th><th rowspan="2">项　目　名　称</th><th colspan="2">计量单位</th></tr>
<tr><th>规范规定</th><th>本省取定</th></tr>
<tr><td colspan="6">房屋建筑与装饰工程工程量计算规范 GB 50854—2013</td></tr>
<tr><td>1</td><td rowspan="2">附录A</td><td>010101007</td><td>管沟土方</td><td rowspan="2">m、m³</td><td rowspan="2">m³</td></tr>
<tr><td>2</td><td>010102004</td><td>挖管沟石方</td></tr>
<tr><td>3</td><td rowspan="8">附录B</td><td>010201006</td><td>振冲桩(填料)</td><td rowspan="3">m、m³</td><td rowspan="3">m³</td></tr>
<tr><td>4</td><td>010201007</td><td>砂石桩</td></tr>
<tr><td>5</td><td>010201016</td><td>注浆地基</td></tr>
<tr><td>6</td><td>010201017</td><td>褥垫层</td><td>m²、m³</td><td>m³</td></tr>
<tr><td>7</td><td>010202005</td><td>型钢桩</td><td>t、根</td><td>t</td></tr>
<tr><td>8</td><td>010202006</td><td>钢板桩</td><td>t、m²</td><td>t</td></tr>
<tr><td>9</td><td>010202007</td><td>锚杆(锚索)</td><td rowspan="2">m、根</td><td rowspan="2">m</td></tr>
<tr><td>10</td><td>010202008</td><td>土钉</td></tr>
</table>

续表

序号	规范附录	项目编码	项目名称	计量单位	
				规范规定	本省取定
11	附录C	010301001	预制钢筋混凝土方桩	m、m^3、根	m^3
12		010301002	预制钢筋混凝土管桩		m
13		010301003	钢管桩	t、根	t
14		010301004	截(凿)桩头	m^3、根	m^3
15		010302002	沉管灌注桩	m、m^3、根	m^3
16		010302003	干作业成孔灌注桩		
17		010302005	人工挖孔灌注桩	m^3、根	m^3
18		010302006	钻孔压浆桩	m、根	m
19	附录E	010506001	直行楼梯	m^2、m^3	m^2
20		010506002	弧形楼梯		
21		010507004	台阶		
22		010509001	预制混凝土矩形柱	m^3、根	m^3
23		010509002	预制混凝土异形柱		
24		010510001	预制混凝土矩形梁		
25		010510002	预制混凝土异形梁		
26		010510003	预制混凝土过梁		
27		010510004	预制混凝土拱形梁		
28		010510005	预制混凝土鱼腹式吊车梁		
29		010510006	预制混凝土其他梁		
30		010511001	预制混凝土屋架折线型	m^3、榀	m^3
31		010511002	预制混凝土屋架组合		
32		010511003	预制混凝土屋架薄腹		
33		010511004	预制混凝土屋架门式刚架		
34		010511005	预制混凝土屋架天窗架		
35	附录E	010512001	预制混凝土平板	m^3、块	m^3
36		010512002	预制混凝土空心板		
37		010512003	预制混凝土槽型板		
38		010512004	预制混凝土网架板		
39		010512005	预制混凝土折线板		
40		010512006	预制混凝土带肋板		
41		010512007	预制混凝土大型板		
42		010512008	预制混凝土沟盖板、井盖板、井圈	m^3、块(套)	m^3
43		010513001	预制混凝土楼梯	m^3、段	m^3
44		010514001	预制混凝土垃圾道、通风道、烟道	m^3、m^2、根(块、套)	m^3
45		010514002	预制混凝土其他构件		

续表

序号	规范附录	项目编码	项目名称	计量单位	
				规范规定	本省取定
46	附录F	010602001	钢屋架	榀、t	t
47	附录G	010701001	木屋架	榀、m^3	m^3
48		010702003	木檩	m^3、m	m^3
49	附录H	010801001	木质门	樘、m^2	m^2
50		010801002	木质门带套		
51		010801003	木质门连窗		
52		010801004	木质防火门		
53		010801005	木门框	樘、m	m
54		010802001	金属(塑钢)门	樘、m^2	m^2
55		010802002	彩板门		
56		010802003	钢质防火门		
57		010802004	防盗门		
58		010803001	金属卷帘(闸)门		
59		010803002	防火卷帘(闸)门		
60		010804001	木板大门		
61		010804002	钢木大门		
62		010804003	全钢板大门		
63		010804004	防护铁丝门		
64		010804005	金属格栅门		
65		010804006	钢质花饰大门		
66		010806001～010806004	木窗		
67		010807001～010807009	金属窗		
68	附录M	011208002	成品装饰柱	根、m	m
69		011210005	成品隔断	m^2、间	m^2
70	附录P	011401001	木门油漆	樘、m^2	m^2
71		011401002	金属门油漆		
72		011402001	木窗油漆		
73		011402002	金属窗油漆		
74	附录R	011608001～011608003	铲除油漆涂料裱糊面	m、m^2	m^2
75		011611001	钢梁拆除	t、m	t
76		011611002	钢柱拆除		
77		011611004	钢支撑、钢墙架拆除		
78		011611005	其他金属构件拆除		
79		011614003	窗台板拆除	块、m	m
80		011614004	筒子板拆除		

续表

<table>
<tr><th rowspan="2">序号</th><th rowspan="2">规范附录</th><th rowspan="2">项目编码</th><th rowspan="2">项 目 名 称</th><th colspan="2">计量单位</th></tr>
<tr><th>规范规定</th><th>本省取定</th></tr>
<tr><td>81</td><td>附录 S</td><td>011703001</td><td>垂直运输</td><td>m²、天</td><td>m²</td></tr>
<tr><td colspan="6">仿古建筑工程工程量计算规范 GB 50855—2013</td></tr>
<tr><td>1</td><td rowspan="3">附录 A</td><td>020106001</td><td>砖细漏窗</td><td rowspan="3">m²、樘</td><td rowspan="3">m²</td></tr>
<tr><td>2</td><td>020106002</td><td>砖瓦漏窗</td></tr>
<tr><td>3</td><td>020106003</td><td>砂浆漏窗</td></tr>
<tr><td>4</td><td rowspan="4">附录 B</td><td>020202002</td><td>石望柱</td><td rowspan="4">m³、根</td><td rowspan="4">m³</td></tr>
<tr><td>5</td><td>020203001</td><td>柱</td></tr>
<tr><td>6</td><td>020203002</td><td>梁</td></tr>
<tr><td>7</td><td>020203003</td><td>枋</td></tr>
<tr><td>8</td><td rowspan="6">附录 D</td><td>020406001～020406007</td><td>预制混凝土柱</td><td>m³、根</td><td>m³</td></tr>
<tr><td>9</td><td>020407001～020407008</td><td>预制混凝土梁</td><td>m³、根</td><td>m³</td></tr>
<tr><td>10</td><td>020408001～020408002</td><td>预制混凝土屋架</td><td>m³、榀</td><td>m³</td></tr>
<tr><td>11</td><td>020409001～020409005</td><td>预制混凝土桁、枋</td><td>m³、根</td><td>m³</td></tr>
<tr><td>12</td><td>020410001～020410003</td><td>预制混凝土板</td><td>m³、块</td><td>m³</td></tr>
<tr><td>13</td><td>020411001～020411003</td><td>预制混凝土椽子</td><td>m³、根</td><td>m³</td></tr>
<tr><td>14</td><td rowspan="15">附录 E</td><td>020501007</td><td>牌楼高拱柱</td><td>m³、根</td><td>m³</td></tr>
<tr><td>15</td><td>020509001</td><td>槅扇</td><td rowspan="6">m²、樘</td><td rowspan="6">m²</td></tr>
<tr><td>16</td><td>020509002</td><td>槛窗</td></tr>
<tr><td>17</td><td>020509003</td><td>支摘窗</td></tr>
<tr><td>18</td><td>020509004</td><td>横风窗</td></tr>
<tr><td>19</td><td>020509005</td><td>什锦(多宝)窗</td></tr>
<tr><td>20</td><td>020509006</td><td>古式纱窗扇</td></tr>
<tr><td>21</td><td>020509008</td><td>帘架横披框</td><td rowspan="8">m²、樘</td><td rowspan="8">m²</td></tr>
<tr><td>22</td><td>020509009</td><td>将军门</td></tr>
<tr><td>23</td><td>020509010</td><td>实榻门</td></tr>
<tr><td>24</td><td>020509011</td><td>撒带门</td></tr>
<tr><td>25</td><td>020509012</td><td>棋盘(攒边)门</td></tr>
<tr><td>26</td><td>020509013</td><td>直拼库门</td></tr>
<tr><td>27</td><td>020509014</td><td>贡式堂门</td></tr>
<tr><td>28</td><td>020509015</td><td>直拼屏门</td></tr>
</table>

续表

<table>
<tr><th rowspan="2">序号</th><th rowspan="2">规范附录</th><th rowspan="2">项目编码</th><th rowspan="2">项 目 名 称</th><th colspan="2">计量单位</th></tr>
<tr><th>规范规定</th><th>本省取定</th></tr>
<tr><td>29</td><td rowspan="6">附录J</td><td>020905001</td><td>木门油漆</td><td rowspan="4">樘、m²</td><td rowspan="4">m²</td></tr>
<tr><td>30</td><td>020905002</td><td>木窗油漆</td></tr>
<tr><td>31</td><td>020905003</td><td>木门饰金油漆</td></tr>
<tr><td>32</td><td>020905004</td><td>木窗饰金油漆</td></tr>
<tr><td>33</td><td>020906011</td><td>匾额油漆</td><td rowspan="2">m²、只</td><td rowspan="2">m²</td></tr>
<tr><td>34</td><td>020906012</td><td>匾额饰金油漆</td></tr>
<tr><td>35</td><td rowspan="6">附录K</td><td>021001001</td><td>综合脚手架</td><td>m²、座</td><td>m²</td></tr>
<tr><td>36</td><td>021003001</td><td>殿、堂、厅</td><td rowspan="5">m²、天</td><td rowspan="5">m²</td></tr>
<tr><td>37</td><td>021003002</td><td>楼、阁、轩</td></tr>
<tr><td>38</td><td>021003003</td><td>斋、廊、榭</td></tr>
<tr><td>39</td><td>021003004</td><td>亭</td></tr>
<tr><td>40</td><td>021003005</td><td>古戏台</td></tr>
<tr><td colspan="6">通用安装工程工程量计算规范 GB 50856—2013</td></tr>
<tr><td>1</td><td rowspan="3">附录G</td><td>030702008</td><td>柔性软风管</td><td>m、节</td><td>m</td></tr>
<tr><td>2</td><td>030702009</td><td>弯头、导流叶片</td><td>m²、组</td><td>m²</td></tr>
<tr><td>3</td><td>030703021</td><td>静压箱</td><td>个、m²</td><td>m²</td></tr>
<tr><td>4</td><td>附录H</td><td>030816001</td><td>管材表面超声波探伤</td><td>m、m²</td><td>m</td></tr>
<tr><td>5</td><td rowspan="4">附录M</td><td>031201001</td><td>管道刷油</td><td rowspan="2">m、m²</td><td rowspan="2">m²</td></tr>
<tr><td>6</td><td>031201002</td><td>设备与矩形管道刷油</td></tr>
<tr><td>7</td><td>031201004</td><td>铸铁管、暖气片刷油</td><td rowspan="2">m、m²</td><td rowspan="2">m²</td></tr>
<tr><td>8</td><td>031202009</td><td>环氧煤沥青防腐蚀</td></tr>
<tr><td colspan="6">市政工程工程量计算规范 GB 50857—2013</td></tr>
<tr><td>1</td><td rowspan="2">附录B</td><td>040201010</td><td>振冲桩</td><td rowspan="2">m、m³</td><td rowspan="2">m³</td></tr>
<tr><td>2</td><td>040201011</td><td>砂石桩</td></tr>
<tr><td>3</td><td rowspan="13">附录C</td><td>040301001</td><td>预制钢筋混凝土方桩</td><td rowspan="2">m、m³、根</td><td>m³</td></tr>
<tr><td>4</td><td>040301002</td><td>预制钢筋混凝土管桩</td><td>m</td></tr>
<tr><td>5</td><td>040301003</td><td>钢管桩</td><td>t、根</td><td>t</td></tr>
<tr><td>6</td><td>040301005</td><td>沉管灌注桩</td><td rowspan="2">m、m³、根</td><td rowspan="2">m³</td></tr>
<tr><td>7</td><td>040301006</td><td>干作业成孔灌注桩</td></tr>
<tr><td>8</td><td>040301008</td><td>人工挖孔桩</td><td>m³、根</td><td>m³</td></tr>
<tr><td>9</td><td>040301009</td><td>钻孔压浆桩</td><td>m、根</td><td>m</td></tr>
<tr><td>10</td><td>040301011</td><td>凿桩头</td><td>m³、根</td><td>m³</td></tr>
<tr><td>11</td><td>040302001</td><td>圆木桩</td><td>m、根</td><td>m</td></tr>
<tr><td>12</td><td>040302002</td><td>预制混凝土板桩</td><td>m³、根</td><td>m³</td></tr>
<tr><td>13</td><td>040302006</td><td>锚杆(索)</td><td rowspan="2">m、根</td><td rowspan="2">m</td></tr>
<tr><td>14</td><td>040302007</td><td>土钉</td></tr>
<tr><td>15</td><td>040303017</td><td>混凝土楼梯</td><td>m²、m³</td><td>m³</td></tr>
</table>

续表

<table>
<tr><th rowspan="2">序号</th><th rowspan="2">规范附录</th><th rowspan="2">项目编码</th><th rowspan="2">项 目 名 称</th><th colspan="2">计量单位</th></tr>
<tr><th>规范规定</th><th>本省取定</th></tr>
<tr><td>16</td><td rowspan="2">附录 F</td><td>040602001</td><td>格栅</td><td>t、套</td><td>t</td></tr>
<tr><td>17</td><td>040602031</td><td>闸门</td><td>座、t</td><td>座</td></tr>
<tr><td>18</td><td rowspan="4">附录 H</td><td>040602032</td><td>旋转门</td><td rowspan="3">座、t</td><td rowspan="3">座</td></tr>
<tr><td>19</td><td>040602033</td><td>堰门</td></tr>
<tr><td>20</td><td>040602034</td><td>拍门</td></tr>
<tr><td>21</td><td>040805004</td><td>景观照明灯</td><td>套、m</td><td>套</td></tr>
<tr><td colspan="6">园林绿化工程工程量计算规范 GB 50858—2013</td></tr>
<tr><td>1</td><td>附录 A</td><td>050102002</td><td>栽植灌木</td><td>株、m^2</td><td>株</td></tr>
<tr><td>2</td><td>附录 B</td><td>050202004</td><td>点(散)布大卵石</td><td>块(个)、t</td><td>t</td></tr>
<tr><td>3</td><td rowspan="5">附录 C</td><td>050301005</td><td>点风景石</td><td>块、t</td><td>t</td></tr>
<tr><td>4</td><td>050301006</td><td>池、盆景置石</td><td>座、个</td><td>座</td></tr>
<tr><td>5</td><td>050304005</td><td>竹花架柱、梁</td><td>m、根</td><td>m</td></tr>
<tr><td>6</td><td>050307010</td><td>景墙</td><td>m^3、段</td><td>m^3</td></tr>
<tr><td>7</td><td>050307018</td><td>砖石砌小摆设</td><td>m^3、个</td><td>m^3</td></tr>
<tr><td>8</td><td rowspan="3">附录 D</td><td>050401003</td><td>亭脚手架</td><td>座、m^2</td><td>m^2</td></tr>
<tr><td>9</td><td>050402007</td><td>现浇混凝土桌凳</td><td>m^3、个</td><td>m^3</td></tr>
<tr><td>10</td><td>050403003</td><td>搭设遮阴(防寒)棚</td><td>m^2、株</td><td>m^2</td></tr>
<tr><td colspan="6">构筑物工程工程量计算规范 GB 50860—2013</td></tr>
<tr><td>1</td><td rowspan="2">附录 A</td><td>070111003</td><td>预制梁</td><td>m^3、根</td><td>m^3</td></tr>
<tr><td>2</td><td>070111004</td><td>预制走道板</td><td>m^3、根</td><td>m^3</td></tr>
<tr><td colspan="6">城市轨道交通工程工程量计算规范 GB 50861—2013</td></tr>
<tr><td>1</td><td rowspan="6">附录 A</td><td>080103008</td><td>振冲桩(填料)</td><td rowspan="2">m、m^3</td><td rowspan="2">m^3</td></tr>
<tr><td>2</td><td>080103009</td><td>砂石桩</td></tr>
<tr><td>3</td><td>080103020</td><td>注浆地基</td><td>m、m^3</td><td>m^3</td></tr>
<tr><td>4</td><td>080103021</td><td>褥垫层</td><td>m^2、m^3</td><td>m^3</td></tr>
<tr><td>5</td><td>080104003</td><td>锚杆(索)</td><td rowspan="2">m、根</td><td rowspan="2">m</td></tr>
<tr><td>6</td><td>080104004</td><td>土钉</td></tr>
<tr><td>7</td><td rowspan="13">附录 B</td><td>080201001</td><td>预制钢筋混凝土方桩</td><td rowspan="3">m、m^3、根</td><td>m^3</td></tr>
<tr><td>8</td><td>080201002</td><td>预制钢筋混凝土板桩</td><td>m^3</td></tr>
<tr><td>9</td><td>080201003</td><td>预制钢筋混凝土管桩</td><td>m</td></tr>
<tr><td>10</td><td>080201004</td><td>钢管桩</td><td rowspan="2">t、根</td><td rowspan="2">t</td></tr>
<tr><td>11</td><td>080201005</td><td>型钢桩</td></tr>
<tr><td>12</td><td>080201006</td><td>钢板桩</td><td>t、m^2</td><td>t</td></tr>
<tr><td>13</td><td>080201009</td><td>沉管灌注桩</td><td rowspan="2">m、m^3、根</td><td rowspan="2">m^3</td></tr>
<tr><td>14</td><td>080201010</td><td>干作业成孔灌注桩</td></tr>
<tr><td>15</td><td>080201011</td><td>人工挖孔桩</td><td>m^3、根</td><td>m^3</td></tr>
<tr><td>16</td><td>080201012</td><td>钻孔压浆桩</td><td>m、根</td><td>m</td></tr>
<tr><td>17</td><td>080201007</td><td>凿桩头</td><td>m^3、根</td><td>m^3</td></tr>
<tr><td>18</td><td>080202018</td><td>混凝土楼梯</td><td>m^2、m^3</td><td>m^3</td></tr>
<tr><td>19</td><td>080206011</td><td>声测管</td><td>t、m</td><td>t</td></tr>
</table>

9.2 关于调整我省现行建设工程计价依据定额人工单价的通知

鄂建文［2012］85号

各市、州、神农架林区住房和城乡建设委员会，各有关建设、设计、施工、造价咨询单位：

为切实反映建筑市场劳动力价格变化情况，保障建设工程领域劳动者的合法权益，促进我省建筑市场健康有序发展，经测算，决定对现行建设工程计价依据定额人工单价进行调整。现就调整的有关事项通知如下：

一、调整范围

我省现行的各专业消耗量定额及统一基价表（或估价表）、预算定额、概算定额，按本通知的规定调整定额人工单价。

二、调整标准

1. 定额人工以普工、技工、高级技工形式表现的，人工单价调整为：普工56元/工日；技工86元/工日；高级技工129元/工日。施工机械台班费用定额中的人工单价按技工标准调整。

2. 定额人工以综合工日形式表现的，综合工日调整为：75元/工日。施工机械台班费用定额中的人工单价按综合工日标准调整。

三、调整方法

不论采用定额计价模式或工程量清单计价模式，调整后的人工费与原人工费之间的差额，计取税金后单独列项，计入含税工程造价。

四、执行时间

本通知自2012年12月1日起执行。

1. 2012年12月1日前已完成的工程量，定额人工单价不再进行调整。

2. 从2012年12月1日起完成的工程量按本通知的规定执行。

3. 2012年12月1日起进行招投标的工程，应按本通知规定的定额人工单价和调整方法计算招标控制价。

4. 从2012年12月1日起鄂建文［2011］80号文停止执行。

二〇一二年十月二十四日

9.3 关于发布“预拌砂浆（试行）”补充定额的通知

鄂建造价［2011］50号

各市、州、直管市、神农架林区建设工程造价管理站，各有关单位：

为适应建筑市场的发展，满足工程建设中使用预拌砂浆的计价需要，我站编制了“预拌砂浆（试行）”补充定额（以下简称“本补充定额”）。现将有关问题通知如下：

一、适用范围

本补充定额适用于湖北省内建筑工程（含装饰装修）中使用预拌砂浆项目的计价，是现行《湖北省建筑工程消耗量定额及统一基价表》的补充。其工程量计算规则与现拌砂浆对应定额子目工程量计算规则相同。

二、预拌砂浆定额取定价组成

预拌砂浆（干混）定额取定价由两类费用组成，包括：材料出厂价及运输费用（运距25km以内）。

三、未编制对应预拌砂浆定额子目的调整方法

本补充定额是按常用现拌砂浆子目对应编制的，对于实际工程中使用预拌砂浆（干混）而本补充定额未对应编制定额子目的，可按以下换算方法进行调整：

1. 定额人工消耗量调整

干混砌筑砂浆：普工扣减定额人工 0.258 工日/(m^3 定额砂浆用量)

干混地面砂浆：普工扣减定额人工 0.269 工日/(m^3 定额砂浆用量)

干混抹灰砂浆：普工扣减定额人工 0.281 工日/(m^3 定额砂浆用量)

2. 定额材料消耗量调整

干混砌筑砂浆：按定额砂浆用量 1.7t/m^3 折合换算

干混地面砂浆：按定额砂浆用量 1.7t/m^3 折合换算

干混抹灰砂浆：按定额砂浆用量 1.65t/m^3 折合换算

水：增加 0.25t/（m^3 定额砂浆用量）

3. 定额机械台班消耗量调整

当定额子目中仅有现拌砂浆（水泥砂浆、混合砂浆）时，扣除定额砂浆搅拌机消耗量，增加干混砂浆罐式搅拌机 0.046 台班/（m^3 定额砂浆用量）。

当定额子目中除有现拌砂浆外，还有其他需砂浆搅拌机搅拌的材料时（如水泥白石子浆等），按每立方米现拌砂浆扣减 0.167 台班砂浆搅拌机消耗量，同时增加干混砂浆罐式搅拌机 0.046 台班/（m^3 定额砂浆用量）。

四、预拌砂浆与现拌砂浆型号转换对应关系

预拌砂浆强度等级根据《预拌砂浆应用技术规程》（JGJ/T 223—2010）中预拌砂浆与传统砂浆的对应关系，并结合湖北省现行预算定额中现拌砂浆配合比确定。具体见附件三。

当实际使用的预拌砂浆强度等级与定额设置不同时，可按附件三中的强度等级及取定价进行换算。

五、本补充定额与现有定额资料中有关规定的处理方法

1.《湖北省建筑节能工程消耗量定额及统一基价表》（鄂建文［2009］252 号）砌筑工程中有关预拌砂浆的定额子目停止使用，具体可按本补充定额执行。

2. 取消《湖北省建筑节能工程消耗量定额及统一基价表》（鄂建文［2009］252 号）中 P56 第 22 条（关于现拌砂浆转换为预拌砂浆）的规定。

3. 取消《湖北省工程量清单及计价定额有关问题解释》（鄂建造价［2010］38 号）中 P30 第 5 条（关于砌筑工程现拌砂浆转换为预拌砂浆）的规定。

4. 当实际工程采用湿拌砂浆时，按相应干混砂浆定额子目套用，同时扣减水的消耗量（干混砂浆搅拌时）和干混砂浆罐式搅拌机消耗量，其他同干混砂浆。

本补充定额于 2012 年 1 月 1 日起施行，试行过程中如有问题请及时与省建设工程造价管理总站联系。

附件一：预拌砂浆（试行）

附件二：干混砂浆罐式搅拌机台班费用定额

附件三：预拌砂浆与现拌砂浆对应关系表

二〇一一年十二月十五日

第10章 四 川 地 区

10.1 四川省建设工程造价管理总站关于对雅安市等6个市、州2008年《四川省房屋建筑抗震加固工程计价定额》人工费调整的批复

川建价发〔2013〕7号

各有关市、州工程造价管理机构：

你们关于《四川省房屋建筑抗震加固工程计价定额》人工费调整的请示收悉。根据2008年《四川省房屋建筑抗震加固工程计价定额》（川建造价发［2008］318号）的要求，现批准雅安市等6个市、州2008年《四川省房屋建筑抗震加固工程计价定额》的人工费调整幅度及零星工作人工单价（见附件）。

此次批准的人工费调整幅度和零星工作人工单价从2013年5月1日起与2008年《四川省房屋建筑抗震加固工程计价定额》配套执行，2013年5月1日以前开工，但未竣工的工程，按结转工程量分段执行，已办理完结算的工程不再调整。人工费调整的计算基础是定额人工费，调整的人工费不作为计取其他费用的基础（税金除外）。

附件：雅安市等6个市、州2008年《四川省房屋建筑抗震加固工程计价定额》人工费调整幅度及零星工作人工单价.doc

四川省建设工程造价管理总站

2013年5月17日

雅安市等6个市、州2008年《四川省房屋建筑抗震加固工程计价定额》人工费调整幅度及零星工作人工单价

序号	地区		本次调整后抗震加固工程人工费调整幅度（%）	零星工作人工单价（元/工日）		备注
				普工	技工	
1	雅安市		44.33	54	74	含七县一区
2	成都市	成都市区（青羊、锦江、金牛、武侯、成华及高新区）	83.00	71	95	
		近郊区（龙泉、新都、双流、郫县、温江）	78.00	67	89	
		成都市的其他区（市）、县	75.00	64	86	
3	宜宾市		60.00	63	88	
4	眉山市		54.51	55	82	
5	凉山州		58.29	55	75	
6	甘孜州		98.63	85	120	

10.2　四川省住房和城乡建设厅关于进一步明确房屋建筑修复加固计价依据的通知

川建造价发［2013］235号

各市、州及扩权试点县（市）住房城乡建设行政主管部门：

我省“4·20”芦山7.0级地震发生后，灾区房屋建筑受到不同程度的破坏，大量的房屋建筑需要进行修复加固。为保证房屋建筑修复加固工作的顺利进行，合理确定和有效控制修复加固工程造价，现根据我省房屋建筑计价依据实施情况并结合房屋建筑修复加固特点，对房屋建筑修复加固的工程造价计价规定如下。

一、修复加固中拆除和加固项目的计价

房屋建筑修复加固的拆除和加固项目执行2008年《四川省房屋建筑抗震加固工程计价定额》（以下简称《08加固定额》）。安装工程的拆除按09年《四川省建设工程工程量清单计价定额》（以下简称《09计价定额》）中相应安装项目的（人工费＋机械费＋综合费）的50%计算。

二、修复加固中修复项目计价

房屋建筑修复加固中的修复项目按《09计价定额》中的相应项目（人工费＋机械费＋综合费）乘以系数1.25，材料消耗量乘以系数1.05执行。

三、修复加固中其他项目计价

1. 修复加固中的垂直运输、超高施工增加费按《08加固定额》总说明第十二条规定执行。

2. 凡套用《08加固定额》的项目，其相关费用的计取标准和程序按与《08加固定额》配套的计价规定执行；凡套用《09计价定额》的项目，其相关费用的计取标准和程序按与《09计价定额》配套的计价规定执行。

四、本通知从2013年5月1日起执行

四川省住房和城乡建设厅

2013年5月10日

10.3　四川省住房和城乡建设厅关于印发《四川省建设工程合同备案管理办法》的通知

川建发［2012］3号

各市、州及扩权试点县（市）住房城乡建设行政主管部门：

为加强建筑市场管理，维护建筑市场秩序，规范建设工程合同签订和履行，根据《中华人民共和国合同法》、《中华人民共和国招标投标法》、《四川省合同监督条例》等相关法律、法规，我厅制定了《四川省建设工程合同备案管理办法》，现印发给你们，请遵照执行。执行中遇到的问题及意见请及时向省建设工程造价总站反映。

附件：《四川省建设工程合同备案管理办法》

二〇一二年二月十四日

第11章 山 东 地 区

11.1 山东省标准定额站发布山东省建设工程各专业定额价目表（2013年4月）

山东省建筑工程消耗量定额价目表（2013年4月）
山东省安装工程消耗量定额价目表（2013年4月）
山东省市政工程消耗量定额价目表（2013年4月）
山东省园林绿化工程消耗量定额价目表（2013年4月）
山东省市政养护维修工程消耗量定额价目表（2013年4月）
山东省房屋修缮工程计价定额价目表（2013年4月）

11.2 山东省建设工程施工机械台班单价表（2013年4月）

山东省建设工程施工机械台班单价表（2013年4月）

11.3 山东省住房和城乡建设厅关于发布我省建设工程定额人工单价、各市综合工日市场指导单价及最低单价的通知

鲁建标字［2013］7号

各市住房和城乡建设委员会（建设局）：

近年来，随着我省经济的快速发展，建设市场人工费水平一直处于上涨的趋势中，现行的定额人工单价水平已不能适应市场发展的要求。为加强对建设工程造价的动态管理，促进建设市场健康有序发展，客观反映建设市场人工价格水平，保障建设市场各方权益，经研究，决定调整我省建设工程定额人工单价水平，并同时发布各市综合工日市场指导单价和最低单价。现就有关问题通知如下：

一、调整我省建设工程定额人工单价水平，由原来的53元/工日调整为66元/工日，其中包括基本工资、工资性补贴、生产工人辅助工资、职工福利费、生产工人劳动保护费，该单价为全省建设工程计价依据中综合工日单价的平均水平，是建设工程费用计算程序中企业管理费、利润等各项费用的计算基础，适用于山东省建筑、安装、市政、园林绿化、房屋修缮、仿古建筑、轨道交通等各专业工程计价依据，由省建设行政主管部门统一管理。

二、按省定额人工单价66元/工日调整完成的《山东省建设工程施工机械台班单价

表》和山东省建设工程各专业定额价目表，发布在“山东省工程建设标准造价信息网”上。

三、各市综合工日市场指导单价是各市以建设市场代表性工程实际人工费支出为基础进行测算，并结合各市现阶段建设市场招投标以及工程发承包、工程结算的实际情况，进行综合取定的。该单价代表现阶段各市工程计价综合工日单价的合理水平，是各市建设工程发承包双方工程招标、投标报价、签订施工合同以及实施建设市场人工单价管理的重要指导。

四、各市综合工日最低单价是各市在以省人民政府发布的全省各地区最低工资标准进行折算的基础上，结合各市现阶段建设工程人工费成本和施工企业的实际利润等情况，进行综合分析取定的。

为保障工程项目的顺利实施和质量安全，规范无序竞争和恶意压价等不合理行为，维护各方主体的合法权益，自本文件生效之日起，新签订的施工合同中确定的综合工日单价水平，均不得低于该最低单价。

五、本通知自 2013 年 4 月 1 日起执行，之前已签订合同的工程，仍按原合同及有关政策规定执行。原合同约定可调整但未对调整方法作出明确规定的工程，自本文件生效之日起完成的工程量，按本文件有关规定执行。

六、本通知由山东省工程建设标准定额站负责解释。

附件：各市综合工日市场指导单价和最低单价表

山东省住房和城乡建设厅

2013 年 3 月 12 日

附件：

各市综合工日市场指导单价和最低单价表

单位：元/工日

市	市场指导单价		最低单价
	建筑/安装	装饰	
济南	72	80	70
青岛	68	78	66
淄博	65	68	57
枣庄	63	68	59
东营	66	70	60
烟台	66	75	64
潍坊	66	70	60
济宁	66	70	57
泰安	60	60	53
威海	66	72	64
日照	65	70	56
滨州	60	64	53
德州	63	65	56
聊城	67	69	59
临沂	66	68	56
菏泽	66	68	53
莱芜	63	67	60

第12章 海 南 地 区

12.1 海南省建设标准定额站关于发布“四新”补充定额子目申报程序的通知

各有关单位：

为了适应海南国际旅游岛的发展建设，满足工程建设新技术、新工艺、新材料、新设备、（以下简称“四新”）计价的需求，我站组织制定了“四新”补充定额子目的申报程序，现向全省建设行业发布。

附件：“四新”补充定额子目的申报程序

海南省建设标准定额站

2013 年 3 月 6 日

12.2 海南省住房和城乡建设厅关于调整建筑工人人工单价的通知

琼建定［2012］224 号

各市、县、自治县住建局，各建设、施工、监理、造价咨询单位：

为合理确定工程造价，维护建设工程发、承包双方的合法权益，确保安全施工和工程质量，经调查测算，我厅决定对我省现行工程综合定额中的建筑工人人工单价进行调整，使之符合市场实际。现将有关事项通知如下：

一、建筑、安装、市政、园林绿化、修缮工程定额人工单价由现行的 56.03 元/工日调至 63.82 元/工日。

二、单独的装修装饰工程人工单价由现行最低限价 60 元/工日调至 72 元/工日。

三、本次调整的人工单价调增部分不作为相关费用及利润的计取基数，按价差处理，只计算税金。

四、本次调整从 2013 年 1 月 1 日起执行。建设单位与施工单位签订的施工合同中对人工单价调整有约定的，按合同约定计算；合同没有约定的，工程实际进度以 2013 年 1 月 1 日为时间点，此日之前完成的工作量按原标准执行，此日之后完成的工作量按本次调整后的标准执行。定额人工单价调整后，其单价仍不能满足实际工程需要的，发、承包双方可在合同中约定调整办法。

本次建筑工人人工单价调整由海南省建设标准定额站负责解释。执行中如发现问题，望及时反馈省建设标准定额站，以利于妥善解决。

特此通知。

海南省住房和城乡建设厅
2012年11月8日

12.3 海南省住房和城乡建设厅关于调整社会保障费的通知

琼建定［2012］156号

各有关单位：

为了规范我省建设工程的计价行为，现将调整后的社会保障费及计取方法通知如下：

凡执行2005《海南省建筑工程综合定额》、2008《海南省装饰装修工程综合定额》、2008《海南省安装工程综合定额》、2005《海南省市政园林工程综合定额》、2002《海南省市政设施维修养护维修定额》、2007《海南省房屋修缮工程综合定额》（修订）的建设工程，自2012年7月1日起，社会保障费包括养老保险、失业保险、医疗保险、生育保险及工伤保险等五项保险费，在计算工程标底造价时，以定额人工消耗量×56.03元/工日为基数，乘以保险费费率29.5%计算；工程结算时，凭工程实际作业工人实际缴纳的费用，向建设单位结算。已办理完竣工结算的工程项目，社会保障费不再调整。

二〇一二年八月十六日

第13章 甘 肃 地 区

13.1 关于印发《甘肃省工程造价管理2013年工作要点》的通知

甘建价字［2013］7号

各市、州建设工程造价（定额）管理站：

现将《甘肃省工程造价管理2013年工作要点》印发给你们，请结合工作实际，抓好落实工作。

附件：甘肃省工程造价管理2013年工作要点

甘肃省建设工程造价管理总站

2013—3—14

13.2 甘肃省工程造价管理2013年工作要点

2013年的工作思路：认真贯彻落实党的十八大精神和科学发展观，结合我站实际，着手2013定额及2013版《建设工程工程量清单计价规范》（BG 50500—2013）的宣贯工作；加强工程计价行为监督管理，规范造价咨询企业和造价执业人员的执业行为，完善工程造价信息，为我省经济跨越式发展搞好服务。

一、继续加快我省工程造价计价依据修编工作，以适应工程计价需要。

1. 力争五月底完成《甘肃省建筑工程预算定额》、《甘肃省装饰工程预算定额》、《甘肃省安装工程预算定额》、《甘肃省建设工程混凝土砂浆消耗量定额》、《甘肃省施工机械费用定额》、《甘肃省施工仪器仪表费用定额》等6套定额和与之配套的地区基价的报批、印刷、发布工作。

2. 完成《甘肃省建筑工程概算定额》、《甘肃省安装工程概算定额》及与之相配套的地区基价的编制、报批、印刷、发布工作。

3. 根据住建部的计划安排完成全国统一《房屋建筑与装饰工程消耗量标准》木结构工程和保温、隔热、防腐工程两章的编制任务。

4. 完成《甘肃省建筑安装工程费用定额》的测算、编制、报批、发行工作。

5. 认真贯彻国务院《民用建筑节能条例》，结合本省实际做好“四新”和节能技术补充定额的测算编制工作。

6. 做好2013版6套定额和与之配套的地区基价、《甘肃省建筑安装工程费用定额》、国家标准《建设工程工程量清单计价规范》（GB 50500—2013）及《房屋建筑与装饰工程工程量计价规范》（GB 50854—2013）等规范的宣贯培训工作。

二、加大对工程造价执业单位和工程造价执业人员计价行为的监管力度。

1. 认真做好工程招标控制价备查、工程结算备案、规费核定工作，切实加强工程造价监管工作。

2. 制订工程造价咨询企业信用评价标准，建立工程造价咨询企业信用体系，适时开展工程造价咨询企业信用评价工作。

3. 认真做好造价工程师、造价员资格考试和继续教育工作，保证资格考试质量。

三、加强工程造价信息管理，提升工程造价信息发布水平。

1. 进一步加快甘肃工程造价信息网升级，实现全省工程造价信息化管理，提高工程造价管理水平，方便社会，服务用户。

2. 做好全省建设工程造价指标指数各季度的测算发布工作。

3. 做好住宅工程造价、人工成本信息发布。按建设部要求做好兰州地区住宅工程造价、人工成本信息发布。

4. 提高《甘肃工程造价管理》、《甘肃工程造价信息》期刊的办刊水平，贴近市场、突出实用，指导工程造价健康发展。

四、加强工程计价的动态管理，提升服务质量。

1. 深入现场一线开展调查研究，了解新定额计价在执行过程中存在的问题，及时发现，分析调整，努力做到定额计价贴近市场实际。

2. 进一步完善人工单价及人工费动态管理制度，及时调研发布建设工程人工单价调整系数或指导价格，努力实现市场主体协商确定人工工资方式。

3. 根据我省人工、材料、机械台班的价格变化情况，及时测算发布建筑安装工程概算调整指数。

五、积极推行工程量清单计价，加大清单计价的监管力度。

进一步完善与清单计价相适应的计价依据，积极配合有关部门推行工程量清单计价，加强工程量清单计价的监督管理，规范市场计价行为。

13.3 甘肃省建设工程造价管理总站发布2012年上半年省建筑装饰装修工程人工费指导价格

序号	工程类别	人工单价（元/工日）
1	一类工程	80
2	二类工程	75
3	三类工程	70
4	四类工程	65

甘肃省建设工程造价管理总站

二〇一二年六月二十六日

13.4 关于发布舟曲县“8.8”灾后重建2012年第二季度主要建筑材料市场指导价格的通知

舟曲县城建局、各施工企业：

为保证舟曲灾后重建顺利进行，根据《甘肃省人民政府办公厅转发省发展改革委省工信委关于舟曲灾后重建价格监管工作方案的通知》（甘政办发［2010］165号）精神，我局组织制定了《舟曲县“8.8”灾后重建2012年第二季度主要建筑材料市场指导价格》，经甘肃省住房和城乡建设厅审核同意，现予公布。并将有关事宜通知如下：

一、本通知所列主要建筑材料市场指导价格与省住房和城乡建设厅颁发的现行各类建设工程计价定额、基价、费用定额配套执行是实物法计算工程材料价差的依据，已办理结算的工程不再调整。

二、本指导价中未列属实物法调整范围的材料，应按《甘肃省建设工程材料价格编制管理办法》的有关规定计算材料价差。

三、本指导价格从2012年4月1日起执行，《州住房和城乡建设局关于发布舟曲县“8.8”灾后重建主要建筑材料市场指导价格的通知》（州建知［2012］21号）发布的舟曲县综合材料指导价格停止执行。

附件：舟曲县2012年第二季度市场指导价

二〇一二年六月三十日

舟曲县2012年第二季度主要建筑材料市场指导价格

序号	材料名称	规格型号	单位	舟曲	备注
1	机砖	240×115×53	千块	410.00	地方材料
2	加气混凝土砌块	600×300×200/250/300	m^3	350.00	地方材料
3	加气混凝土砌块	600×300×100/125/150	m^3	374.00	地方材料
4	KM系列砌块十二孔	190×290×190	千块	3500.00	地方材料
5	小九孔	190×190×190	千块	2680.00	地方材料
6	小三孔	190×190×90	千块	2600.00	地方材料
7	小六孔	190×140×190	千块	3076.60	地方材料
8	大九孔	240×240×190	千块	3845.20	地方材料
9	DM系列多孔砖	190×240×90	千块	1820.00	地方材料
10	DM系列多孔砖	190×190×90	千块	1450.00	地方材料
11	DM系列多孔砖	190×140×90	千块	1200.00	地方材料
12	DM系列多孔砖	190×90×90	千块	720.00	地方材料
13	KP型多孔砖26孔	240×115×90	千块	950.00	地方材料
14	KP型多孔砖16孔	190×90×90	千块	920.00	地方材料
15	混凝土多孔砖	240×115×90	千块	390.00	地方材料
16	生石灰（块）		4块	610.00	地方材料
17	普通硅酸盐水泥	32.5R（袋装）	t	400.00	最高限价材料

续表

序号	材料名称	规格型号	单位	舟曲	备注
18	普通硅酸盐水泥	42.5R（袋装）	t	470.00	最高限价材料
19	白水泥	42.5R（袋装）	t	890.00	最高限价材料
20	砂	混凝土用	m^3	70.00	地方材料
21	砂	水泥砂浆用	m^3	70.00	地方材料
22	砂	水泥石灰砂浆用	m^3	70.00	地方材料
23	砂	石灰砂浆、其他用	m^3	70.00	地方材料
24	碎石	10mm	m^3	75.00	地方材料
25	碎石	15mm	m^3	65.00	地方材料
26	碎石	20mm	m^3	65.00	地方材料
27	碎石	40mm	m^3	65.00	地方材料
28	卵石	10mm	m^3	65.00	地方材料
29	卵石	20mm	m^3	65.00	地方材料
30	卵石	40mm	m^3	65.00	地方材料
31	块石		m^3	65.00	地方材料
32	砂砾		m^3	45.00	地方材料
33	炉渣		m^3	170.00	地方材料
34	水磨石子	白色	t	245.00	
35	水磨石子	彩色	t	260.00	
36	普通钢筋	Φ6.5～10mm	t	4483.00	最高限价材料
37	低合金钢筋	12～14mm	t	4632.74	最高限价材料
38	低合金钢筋	16～25mm	t	4378.00	最高限价材料
39	低合金钢筋	28～32mm	t	4606.00	最高限价材料
40	Ⅲ级钢筋	12～14mm	t	4784.00	最高限价材料
41	Ⅲ级钢筋	16～25mm	t	4536.00	最高限价材料
42	Ⅲ级钢筋	28～32mm	t	4816.00	最高限价材料
43	商品混凝土	C10	m^3	330.00	外加剂与泵送费另计
44	商品混凝土	C15	m^3	403.00	外加剂与泵送费另计
45	商品混凝土	C20	m^3	408.00	外加剂与泵送费另计
46	商品混凝土	C25	m^3	420.00	外加剂与泵送费另计
47	商品混凝土	C30	m^3	451.00	外加剂与泵送费另计
48	商品混凝土	C35	m^3	482.00	外加剂与泵送费另计
49	商品混凝土	C40	m^3	510.00	外加剂与泵送费另计
50	商品混凝土	C45	m^3	532.00	外加剂与泵送费另计
51	型钢		t	4933.23	
52	普通钢板	热轧中、厚板	t	5026.36	
53	普通钢板	热轧薄板	t	5115.00	

续表

序号	材料名称	规格型号	单位	舟曲	备注
54	普通钢板	冷轧薄板	t	5400.00	
55	镀锌钢板	24＃、26＃	t	5885.00	
56	焊接钢管		t	5114.66	
57	镀锌钢管	冷镀	t	5095.32	
58	镀锌钢管	热镀	t	5292.00	
59	无缝钢管		t	6055.00	
60	组合钢模板	含支撑、连杆	kg	6.10	
61	竹胶模板		m^2	46.00	
62	圆木		m^3	1800.00	地方材料
63	板方材		m^3	2100.00	地方材料
64	胶合板	三合	m^2	39.00	
65	胶合板	五合	m^2	48.00	
66	铝塑板		m^2	80.00	
67	石油沥青	90＃	t	5906.85	
68	石油沥青	100＃	t	5632.61	
69	油毡	石油沥青 350g	m^2	7.00	
70	SBS 改性沥青防水卷材	－20℃聚酯胎 PE 3mm	m^2	52.03	
71	SBS 改性沥青防水卷材	－20℃聚酯胎 PE 4mm	m^2	58.00	
72	SBS 改性沥青防水卷材	－20℃聚酯胎 PE 5mm	m^2	60.50	
73	SBS 改性沥青防水卷材	－25℃PE 3mm	m^2	56.36	
74	SBS 改性沥青防水卷材	－25℃PE 4mm	m^2	64.22	
75	SBS 改性沥青防水卷材	－25℃PE 5mm	m^2	72.30	
76	SBS 改性沥青防水卷材（超低温）	－25℃聚酯胎 PE 3mm	m^2	53.23	
77	SBS 改性沥青防水卷材（超低温）	4	m^2	60.92	
78	SBS 改性沥青防水卷材（超低温）	5	m^2	70.00	
79	SBS 改性沥青防水卷材（超低温）	－30℃聚酯胎 PE 3mm	m^2	59.26	
80	SBS 改性沥青防水卷材（超低温）	4	m^2	68.69	
81	SBS 改性沥青防水卷材（超低温）	5	m^2	74.59	
82	SBS 改性沥青耐根穿刺防水卷材	ARC-701 4mm	m^2	96.40	

续表

序号	材料名称	规格型号	单位	舟曲	备注
83	SBS 改性沥青耐根穿刺防水卷材	5	m^2	105.20	
84	平板玻璃（浮法）	4mm	m^2	17.50	最高限价材料
85	平板玻璃（浮法）	5mm	m^2	21.50	最高限价材料
86	塑钢平开窗		m^2	237.56	
87	塑钢推拉窗		m^2	222.12	
88	塑钢全玻平开门		m^2	234.25	
89	塑钢半玻平开门		m^2	265.23	
90	塑钢全玻推拉门		m^2	224.55	
91	塑钢半玻推拉门		m^2	252.36	
92	铝合金平开窗	含一般五金配件，不含玻璃、密封条、附框及安装 50 系列壁厚 1.4mm 银白色	m^2	318.76	
93	铝合金平开窗	隔热喷粉	m^2	403.21	
94	铝合金平开窗	隔热电泳	m^2	424.12	
95	铝合金平开窗	55 系列" 隔热喷粉	m^2	422.57	
96	铝合金平开窗	隔热电泳	m^2	441.55	
97	铝合金平开窗	60 系列" 隔热喷粉	m^2	433.36	
98	铝合金平开窗	隔热电泳	m^2	468.23	
99	铝合金推拉窗	70 系列	m^2	207.23	
100	铝合金推拉窗	80 系列	m^2	234.15	
101	铝合金推拉窗	90 系列	m^2	245.46	
102	铝合金推拉门	70 系列	m^2	198.46	
103	铝合金推拉门	80 系列	m^2	211.84	
104	铝合金推拉门	90 系列	m^2	222.89	
105	铝合金地弹门	100 系列	m^2	336.71	
106	铝合金纱窗		m^2	206.85	
107	花岗岩饰面板	综合	m^2	250.00	
108	大理石饰面板	综合	m^2	400.00	
109	耐磨地砖	500×500	m^2	60.00	
110	耐磨地砖	800×800	m^2	75.00	
111	耐磨地砖	1000×1000	m^2	88.50	
112	钙塑凹凸天棚饰面板	600×600	m^2	43.20	
113	矿棉吸音板	592×592×12	m^2	29.00	
114	铝合金条板		m^2	66.80	
115	角铝		m	12.58	

续表

序号	材料名称	规格型号	单位	舟曲	备注
116	电化角铝		m	11.84	
117	木龙骨		m	2.90	
118	铝合金吊顶龙骨		m	6.60	
119	不锈钢连接件		个	3.85	
120	不锈钢插棍		个	3.49	
121	乳胶漆		kg	19.84	
122	酚醛清漆		kg	20.84	
123	聚氨酯漆		kg	17.60	
124	防锈漆	F53-31 红丹	kg	30.56	
125	防锈漆	F53-32 灰	kg	17.82	
126	防锈漆	F53-32 铁红	kg	15.26	
127	醇酸调和漆	C03-1	kg	14.50	
128	过氯乙烯外用磁漆	G04-9	kg	12.40	
129	超薄型钢结构防火涂料	B60-B1	kg	25.20	
130	环氧防腐漆	H52-34	kg	27.60	
131	环氧带锈防锈底漆	H53-X5	kg	33.68	
132	室内薄型钢结构防火涂料	J60-FH	kg	27.58	
133	氯化橡胶防火涂料	J60-X1 各色	kg	36.17	
134	沥青清漆	LO1-13	kg	27.38	
135	聚氨酯漆稀释剂	X-10	kg	12.85	
136	内墙中层涂料		kg	20.58	
137	GRC 墙板		m^2	60.62	
138	石膏板	(2400/2600/2800)×600×90mm	m^2	49.60	
139	轻质复合夹心隔墙板	长(2800—3500)×宽 1100×厚 80	m^2	80.12	
140	轻质复合夹心隔墙板	长(2800—3500)×宽 1100×厚 90	m^2	84.56	
141	轻质复合夹心隔墙板	长(2800—3500)×宽 1100×厚 100	m^2	86.59	
142	轻质复合夹心隔墙板	长(2800—3500)×宽 1100×厚 120	m^2	98.17	
143	阻燃玛瑞脂		t	11300.00	
144	白色玛瑞脂		t	30700.00	
145	挤塑聚苯乙烯保温板(XPS)B2 级	1200×600×(20/30/70/80)	m^3	599.20	

续表

序号	材料名称	规格型号	单位	舟曲	备注
146	挤塑聚苯乙烯保温板（XPS）B3级	1200×600×（40/50/60）	m^3	599.20	
147	挤塑聚苯乙烯保温板（XPS）B1级	1200×600×（20—80）	m^3	1025.30	
148	岩棉保温管壳		m^3	408.10	
149	813A铸铁散热器	720×142×54中片	片	32.56	
150	814A铸铁散热器	813×142×54足片	片	35.15	
151	813B铸铁散热器	724×158×57中片	片	34.02	
152	814B铸铁散热器	813×158×57足片	片	36.55	
153	760A铸铁散热器	682×142×60中片	片	35.00	
154	761A铸铁散热器	760×142×60足片	片	36.55	
155	460型铸铁散热器 TZ4-460-A	282×142×60中片	片	23.27	
156	460型铸铁散热器 TZ4-461-A	460×142×60足片	片	25.41	
157	坐便器	普通	套	544.00	
158	蹲便器		套	98.00	
159	热量表	分户计量用	组	800.00	
160	喷头	T-ZXSTX15 68℃	个	15.50	
161	法兰水流指示器	ZSJZ DN100	台	236.98	
162	法兰水流指示器	ZSJZ DN150	台	254.57	
163	信号蝶阀	XD371-16 DN100	台	187.36	
164	信号蝶阀	XD371-16 DN150	台	223.75	
165	湿式报警阀	ZSFZ100	套	1653.00	
166	地下式水泵结合器	SQX100-1.6	套	914.74	
167	地下式室外消火栓	SQX100/65-1.6	套	892.70	
168	室内消火栓（含枪头、水带、接扣、栓头）	800×650×240	套	720.00	
169	室内消火栓（含枪头、水带、接扣、栓头）	1000×650×240	套	749.43	
170	点型光电感烟火灾探测器	JTW-GD-G3	套	132.25	
171	点型感温火灾探测器	JTW-ZCD-G3N	套	125.64	
172	输入模块	LD-8300	套	125.64	
173	输入输出模块	LD-8301	套	148.78	
174	切换模块	LD-8302C	套	125.64	
175	手动报警按钮	J-SAM-GST9121	只	125.64	

续表

序号	材料名称	规格型号	单位	舟曲	备注
176	手动报警按钮	J-SAM-GST9122	只	138.86	
177	火灾声光报警器	HX-100B	只	171.93	
178	消火栓按钮	HX-100BJ-SAM-GST9123	只	125.64	
179	消火栓按钮	HX-100BJ-SAM-GST9124	只	198.38	
180	总线隔离器	LD-8313	只	85.96	
181	火灾显示盘	ZF-101	台	991.89	
182	火灾显示盘	ZF-500	台	1487.90	
183	开关	综合	个	8.00	
184	插座		个	8.50	
185	丝扣闸阀	Z15T-10 *DN*15mm	个	12.56	
205	丝扣截止阀	J11T-16 *DN*15mm	个	12.56	
206	PE 给水管 100 级	PN0.6MPa de 110×4.2mm	m	49.82	
207	PE 给水管 100 级	160×6.2	m	106.22	
208	PE 给水管 100 级	200×7.7	m	165.30	
209	PE 给水管 100 级	250×9.6	m	257.50	
210	PE 给水管 100 级	315×12.1	m	408.80	
211	PE 给水管 100 级	400×15.3	m	656.75	
212	PE 给水管 100 级	500×19.1	m	1095.71	
213	PE 给水管 100 级	630×24.1	m	1741.85	
214	PE 给水管 100 级	PN1.0MPa *DN*50mm	m	20.33	
215	PE 给水管 100 级	*DN*75mm	m	33.82	
216	PE 给水管 100 级	*DN*90mm	m	51.12	
217	PE 给水管 100 级	*DN*110mm	m	75.49	
218	PE 给水管 100 级	*DN*160mm	m	158.82	
219	PE 给水管 100 级	*DN*200mm	m	246.93	
220	PE 给水管 100 级	*DN*250mm	m	383.87	
221	PE 给水管 100 级	*DN*315mm	m	620.56	
222	PE 给水管 100 级	*DN*400mm	m	996.60	
223	PE 给水管 100 级	*DN*500mm	m	1747.30	
224	PE 管三通	*DN*110×110	个	56.26	
225	PE 给水管 100 级	PN0.6MPa de 110×4.2mm	m	49.82	
226	PE 给水管 100 级	160×6.2	m	106.22	
227	PE 给水管 100 级	200×7.7	m	165.30	
228	PE 给水管 100 级	250×9.6	m	257.50	
229	PE 给水管 100 级	315×12.1	m	408.80	
230	PE 给水管 100 级	400×15.3	m	656.75	
231	PE 给水管 100 级	500×19.1	m	1095.70	

续表

序号	材料名称	规格型号	单位	舟曲	备注
232	PE给水管100级	630×24.1	m	1794.85	
233	PE给水管100级	PN1.0MPa *DN*50mm	m	20.33	
234	PE给水管100级	*DN*75mm	m	33.82	
235	PE给水管100级	*DN*90mm	m	51.13	
236	PE给水管100级	*DN*110mm	m	75.49	
237	PE给水管100级	*DN*160mm	m	158.82	
238	PE给水管100级	*DN*200mm	m	246.93	
239	PE给水管100级	*DN*250mm	m	383.87	
240	PE给水管100级	*DN*315mm	m	620.56	
241	PE给水管100级	*DN*400mm	m	996.60	
242	PE给水管100级	*DN*500mm	m	1747.33	
243	PE管三通	*DN*110×110	个	56.26	
244	PE管三通	*DN*110×160	个	126.58	
245	PE管三通	*DN*200×110	个	233.24	
246	PE管三通	*DN*200×200	个	250.83	
247	PE管三通	*DN*315×110	个	498.13	
248	PE管三通	*DN*315×200	个	529.78	
249	PE管三通	*DN*400×110	个	1158.02	
250	PE管三通	*DN*400×200	个	1195.52	
251	钢丝网骨架聚乙烯复合管	PN1.0MPa *DN*110mm	m	124.97	
252	钢丝网骨架聚乙烯复合管	*DN*200mm	m	169.90	
253	钢丝网骨架聚乙烯复合管	*DN*250mm	m	266.84	
254	钢丝网骨架聚乙烯复合管	*DN*315mm	m	462.53	
255	钢丝网骨架聚乙烯复合管	*DN*400mm	m	524.79	
256	钢丝网骨架聚乙烯复合管	*DN*450mm	m	807.79	
257	钢丝网骨架聚乙烯复合管件	三通 *DN*450×450	个	3408.17	
258	钢丝网骨架聚乙烯复合管件	*DN*450×200	个	3477.14	
259	钢丝网骨架聚乙烯复合管件	90度弯头 *DN*450	个	1956.40	
260	钢丝网骨架聚乙烯复合管件	*DN*200	个	2525.55	
261	钢丝网骨架聚乙烯复合管件	45度弯头 *DN*450	个	314.56	
262	钢丝网骨架聚乙烯复合管件	45度弯头 *DN*200	个	1704.63	
263	PSP钢塑复合压力管	PN2.0MPa de 20mm	m	17.96	
264	PSP钢塑复合压力管	25	m	30.33	
265	PSP钢塑复合压力管	32	m	41.52	
266	PSP钢塑复合压力管	PN2.0MPa de 40mm	m	69.54	
267	PSP钢塑复合压力管	50	m	91.82	
268	PSP钢塑复合压力管	63	m	120.07	

续表

序号	材料名称	规格型号	单位	舟曲	备注
269	PSP 钢塑复合压力管	75	m	146.38	
270	PSP 钢塑复合压力管	90	m	208.07	
271	PSP 钢塑复合压力管	110	m	465.10	
272	PSP 钢塑复合压力管	160	m	6.12	
273	铝塑复合管	冷水管 A-1216	m	9.12	
274	铝塑复合管	A-1620	m	11.56	
275	铝塑复合管	A-2025	m	19.48	
276	铝塑复合管	A-2632	m	31.78	
277	铝塑复合管	A-3240	m	40.63	
278	铝塑复合管	A-4150	m	62.04	
279	铝塑复合管	A-5163	m	92.88	
280	铝塑复合管	A-6075	m	42.38	
281	UPVC 给水管	PN0.6MPa de 110mm	m	90.01	
282	UPVC 给水管	160	m	219.03	
283	UPVC 给水管	250	m	359.23	
284	UPVC 给水管	315	m	532.75	
285	UPVC 给水管	400	m	6.41	
286	PP-R 给水管	PN1.25MPa S5 de 20×2.0mm	m	8.11	
287	PP-R 给水管	25×2.3	m	12.96	
288	PP-R 给水管	32×2.9	m	12.96	
289	PP-R 给水管	40×3.7	m	19.82	
290	PP-R 给水管	50×4.6	m	30.65	
291	PP-R 给水管	63×5.8	m	47.00	
292	PP-R 给水管	75×6.8	m	65.51	
293	PP-R 给水管	90×8.2	m	93.27	
294	PP-R 给水管	110×10.0	m	142.26	
295	PP-R 给水管	125×11.4	m	188.29	
296	UPVC 排水管	平管 de 50×2.0mm	m	7.95	
297	UPVC 排水管	75×2.5	m	13.39	
298	UPVC 排水管	110×3.0	m	23.65	
299	UPVC 排水管	110×3.2	m	27.21	
300	UPVC 排水管	160×4.0	m	46.88	
301	UPVC 排水管	160×5.0	m	55.51	
302	UPVC 排水管	平管 de 200×4.9mm	m	91.90	
303	UPVC 排水管	200×6.3	m	97.47	
304	UPVC 排水管	螺旋消音管 de 75×2.3mm	m	22.75	
305	UPVC 排水管	110×3.2	m	37.07	

续表

序号	材料名称	规格型号	单位	舟曲	备注
306	UPVC 排水管	160×4.0	m	81.17	
307	UPVC 排水管	双壁中空螺旋消音管 de 75×5.0mm	m	25.29	
308	UPVC 排水管	110×6.0	m	44.88	
309	UPVC 排水管	160×7.5	m	79.95	
310	聚丙烯静音排水管	de 50×3.2mm	m	25.57	
311	聚丙烯静音排水管	75×3.8	m	45.94	
312	聚丙烯静音排水管	110×4.5	m	79.01	
313	聚丙烯静音排水管	160×5.0	m	125.27	
314	钢筋混凝土管	Ⅰ级 *DN*300mm	m	67.80	
315	钢筋混凝土管	Ⅱ级 承插式 *DN*300mm	m	119.02	
316	钢筋混凝土管	*DN*400mm	m	162.54	
317	钢筋混凝土管	*DN*500mm	m	200.49	
318	钢筋混凝土管	*DN*600mm	m	237.00	
319	钢筋混凝土管	*DN*700mm	m	316.36	
320	钢筋混凝土管	*DN*800mm	m	385.27	
321	钢筋混凝土管	Ⅲ级 *DN*300mm	m	149.21	
322	给水铸铁管	*DN*100×5000mm	m	108.17	
323	给水铸铁管	*DN*150×5000mm	m	173.61	
324	给水铸铁管	*DN*200×5000mm	m	250.89	
325	给水铸铁管	*DN*250×5000mm	m	314.79	
326	给水铸铁管	*DN*300×5000mm	m	439.96	
327	给水铸铁管	*DN*350×5000mm	m	549.04	
328	给水铸铁管	*DN*400×5000mm	m	671.76	
329	给水铸铁管	*DN*450×5000mm	m	803.57	
330	给水铸铁管	*DN*500×5000mm	m	945.37	
331	排水铸铁管（柔性接口）	卡箍 W 型 *DN*50×1000mm	m	49.70	
332	排水铸铁管（柔性接口）	*DN*75×1000mm	m	64.15	
333	排水铸铁管（柔性接口）	*DN*100×1000mm	m	92.87	
334	排水铸铁管（柔性接口）	*DN*150×1000mm	m	139.46	
335	排水铸铁管（柔性接口）	*DN*200×1000mm	m	224.67	
336	排水铸铁管（柔性接口）	法兰 A 型 *DN*50×1000mm	m	61.49	
337	排水铸铁管（柔性接口）	*DN*75×1000mm	m	84.28	
338	排水铸铁管（柔性接口）	*DN*100×1000mm	m	110.70	
339	排水铸铁管（柔性接口）	*DN*150×1000mm	m	185.14	
340	排水铸铁管（柔性接口）	*DN*200×1000mm	m	264.31	
341	PVC 塑料穿线管	ϕ20mm	m	5.64	

续表

序号	材料名称	规格型号	单位	舟曲	备注
342	PVC 塑料穿线管	ϕ25mm	m	7.32	
343	PVC 塑料穿线管	ϕ40mm	m	15.34	
344	PVC 塑料穿线管	ϕ50mm	m	20.79	
345	铜芯聚氯乙烯绝缘线	BV-0.75mm^2	km	649.83	
346	铜芯聚氯乙烯绝缘线	BV-1mm^2	km	788.74	
347	铜芯聚氯乙烯绝缘线	BV-1.5mm^2	km	1127.66	
348	铜芯聚氯乙烯绝缘线	BV-2.5mm^2	km	1655.36	
349	铜芯聚氯乙烯绝缘线	BV-4mm^2	km	2753.17	
350	铜芯聚氯乙烯绝缘线	BV-6mm^2	km	4147.95	
351	铜芯聚氯乙烯绝缘线	BV-10mm^2	km	7155.82	
352	铜芯聚氯乙烯绝缘线	BV-16mm^2	km	11436.25	
353	阻燃铜芯聚氯乙烯绝缘线	ZR-BV-0.75mm^2	km	628.53	
354	阻燃铜芯聚氯乙烯绝缘线	ZR-BV-1mm^2	km	629.56	
355	阻燃铜芯聚氯乙烯绝缘线	ZR-BV-1.5mm^2	km	814.74	
356	阻燃铜芯聚氯乙烯绝缘线	ZR-BV-2.5mm^2	km	1154.21	
357	阻燃铜芯聚氯乙烯绝缘线	ZR-BV-4mm^2	km	1690.25	
358	阻燃铜芯聚氯乙烯绝缘线	ZR-BV-6mm^2	km	2805.87	
359	阻燃铜芯聚氯乙烯绝缘线	ZR-BV-10mm^2	km	4217.58	
360	阻燃铜芯聚氯乙烯绝缘线	ZR-BV-16mm^2	km	7284.36	
361	铜芯橡皮绝缘线	BX-2.5mm^2	km	11653.16	
362	铜芯橡皮绝缘线	4	km	1981.29	
363	铜芯橡皮绝缘线	6	km	3135.48	
364	铜芯橡皮绝缘线	10	km	4629.16	
365	铜芯橡皮绝缘线	16	km	7783.01	
366	铜芯电话线（平型线）	RVB-2×0.3mm^2	km	12443.20	
367	铜芯电话线（平型线）	0.5	km	1035.23	
368	铜芯电话线（平型线）	0.75	km	1485.06	
369	铜芯电话线（平型线）	1	km	1780.84	
370	铜芯电话线（平型线）	1.5	km	2544.93	
371	铜芯电话线（平型线）	2.5	km	4054.64	
372	铜芯电话线（平型线）	4	km	6396.22	
373	铜芯电话线（平型线）	6	km	10158.36	
374	铜芯聚氯乙烯绝缘护套电缆	0.6-1kV VV-单芯-1.5mm^2	km	1588.53	
375	铜芯聚氯乙烯绝缘护套电缆	2.5	km	2341.66	
376	铜芯聚氯乙烯绝缘护套电缆	4	km	3531.48	
377	铜芯聚氯乙烯绝缘护套电缆	6	km	5037.74	
378	铜芯聚氯乙烯绝缘护套电缆	10	km	8271.77	

续表

序号	材料名称	规格型号	单位	舟曲	备注
379	铜芯聚氯乙烯绝缘护套电缆	16	km	12758.91	
380	铜芯聚氯乙烯绝缘护套电缆	25	km	19565.86	
381	铜芯聚氯乙烯绝缘护套电缆	0.6-1kV VV-单芯-35mm^2	km	26799.82	
382	铜芯聚氯乙烯绝缘护套电缆	50	km	37945.72	
383	铜芯聚氯乙烯绝缘护套电缆	70	km	52835.88	
384	铜芯聚氯乙烯绝缘护套电缆	95	km	70532.71	
385	铜芯聚氯乙烯绝缘护套电缆	120	km	88819.43	
386	铜芯聚氯乙烯绝缘护套电缆	150	km	110831.79	
387	铜芯聚氯乙烯绝缘护套电缆	185	km	133452.68	
388	铜芯聚氯乙烯绝缘护套电缆	240	km	172752.04	
389	铜芯聚氯乙烯绝缘护套电缆	300	km	219229.49	
390	铜芯聚氯乙烯绝缘护套电缆	VV-2×1.5mm^2	km	3563.13	
391	铜芯聚氯乙烯绝缘护套电缆	2.5	km	5139.00	
392	铜芯聚氯乙烯绝缘护套电缆	4	km	7581.93	
393	铜芯聚氯乙烯绝缘护套电缆	6	km	10664.07	
394	铜芯聚氯乙烯绝缘护套电缆	10	km	17429.58	
395	铜芯聚氯乙烯绝缘护套电缆	16	km	26600.05	
396	铜芯聚氯乙烯绝缘护套电缆	25	km	40535.04	
397	铜芯聚氯乙烯绝缘护套电缆	35	km	55251.35	
398	铜芯聚氯乙烯绝缘护套电缆	50	km	75978.36	
399	铜芯聚氯乙烯绝缘护套电缆	70	km	105479.28	
400	铜芯聚氯乙烯绝缘护套电缆	95	km	141065.42	
401	铜芯聚氯乙烯绝缘护套电缆	120	km	177669.90	
402	铜芯聚氯乙烯绝缘护套电缆	150	km	221676.00	
403	铜芯聚氯乙烯绝缘护套电缆	185	km	267364.85	
404	铜芯聚氯乙烯绝缘护套电缆	240	km	345789.72	
405	铜芯聚氯乙烯绝缘护套电缆	300	km	439812.64	
406	铜芯聚氯乙烯绝缘护套电缆	VV-3×1.5mm^2	km	4854.21	
407	铜芯聚氯乙烯绝缘护套电缆	2.5	km	7151.57	
408	铜芯聚氯乙烯绝缘护套电缆	4	km	10759.00	
409	铜芯聚氯乙烯绝缘护套电缆	6	km	15315.75	
410	铜芯聚氯乙烯绝缘护套电缆	10	km	25207.70	
411	铜芯聚氯乙烯绝缘护套电缆	0.6-1kV VV-3×16mm^2	km	38789.36	
412	铜芯聚氯乙烯绝缘护套电缆	25	km	59411.65	
413	铜芯聚氯乙烯绝缘护套电缆	35	km	81281.20	
414	铜芯聚氯乙烯绝缘护套电缆	50	km	113694.33	
415	铜芯聚氯乙烯绝缘护套电缆	70	km	157911.55	

续表

序号	材料名称	规格型号	单位	舟曲	备注
416	铜芯聚氯乙烯绝缘护套电缆	95	km	211355.96	
417	铜芯聚氯乙烯绝缘护套电缆	120	km	266284.41	
418	铜芯聚氯乙烯绝缘护套电缆	150	km	332402.23	
419	铜芯聚氯乙烯绝缘护套电缆	185	km	400451.17	
420	铜芯聚氯乙烯绝缘护套电缆	240	km	518516.93	
421	铜芯聚氯乙烯绝缘护套电缆	300	km	657781.62	
422	铸铁井盖	轻型 660	套	545.26	
423	铸铁井盖	重型	套	752.69	
424	雨水篦子	钢纤维混凝土（06MS201-8）550×300	套	201.29	
425	混凝土路面砖	本色荷兰砖 300×150×100	m^2	86.38	
426	混凝土路面砖	300×150×60	m^2	61.05	
427	混凝土路面砖	200×100×80	m^2	57.59	
428	混凝土路面砖	200×100×60	m^2	44.92	
429	混凝土路面砖	彩色荷兰砖 300×150×100	m^2	99.05	
430	混凝土路面砖	300×150×60	m^2	73.72	
431	混凝土路面砖	200×100×80	m^2	70.26	
432	混凝土路面砖	200×100×60	m^2	57.59	
433	条纹步道砖	本色 500×250×80	m^2	111.72	
434	条纹步道砖	500×250×60	m^2	95.50	
435	条纹步道砖	黄色 500×250×80	m^2	81.78	
436	条纹步道砖	黄色 500×250×60mm	m^2	65.56	
437	路缘石	甲型 700×350×130/150	m	37.04	
438	路缘石	乙型 500×300×80/100	m	25.46	
439	路缘石	1/2 甲型 700× 350×130/150	m	37.05	
440	路缘石	1/2 乙型 500×300×80/100	m	27.78	
441	路缘石	曲面 790×380×200	m	52.06	
442	路缘石	1/2 曲面 395×380×200	m	52.06	

13.5 甘肃省建设工程造价管理总站发布《2011 年度民用建筑工程设计概算建安造价调整指数》

工程类型	2001 年（%）	2011 年（%）	工程类型	2001 年（%）	2011 年（%）
多层砖混住宅楼	100	152.85	多层框架综合楼	100	150.72
多层框架住宅楼	100	152.41	小高层框剪综合楼	100	147.42
小高层框剪住宅楼	100	149.58	高层框前综合楼	100	143.53
高层框剪住宅楼	100	144.83			

说明：

一、本调整指数根据《甘肃省建设工程概算定额及地区基价编制管理办法》的有关规定，以2001年颁发的《甘肃省建筑工程概算定额地区基价》、《甘肃省安装工程概算定额地区基价》及《甘肃省建筑安装工程概算费用定额》等计价依据为基准，按照2011年度建筑安装工程人工、材料、机械台班的价格水平及费用标准等计价依据，结合现行民用建筑工程的设计规范变化情况和工程实际情况测定。

二、本调整指数按多层砖混住宅楼等七种工程类型分别制定。我省民用建筑工程项目在编制和审核设计概算时，应依据本调整指数对设计概算中的建筑安装造价进行调整。

三、本调整指数按以下情况综合测算：

1. 多层砖混住宅楼：砖混结构，井桩基础，普通装修，水、暖、电等。

2. 多层框架住宅楼：现浇混凝土框架结构，井桩基础，内外墙加气混凝土砌块，普通装修，水、暖、电等。

3. 小高层框剪住宅楼：现浇混凝土框剪结构，基础形式综合考虑，内外墙加气混凝土砌块，普通装修，水、暖、电气齐全。

4. 高层框剪住宅楼：现浇混凝土框剪结构，基础形式综合考虑，内外墙加气混凝土砌块，普通装修，水、暖、电等。

5. 多层框架综合楼：现浇混凝土框架结构，井桩基础，内外墙加气混凝土砌块，普通装修，水、暖、电等。

6. 小高层框剪综合楼：现浇混凝土框剪结构，基础形式综合考虑，内外墙加气混凝土砌块，普通装修，水、暖、电等。

7. 高层框剪综合楼：现浇混凝土框剪结构，基础形式综合考虑，内外墙加气混凝土砌块，普通装修，水、暖、电等。

甘肃省建设工程造价管理总站

二〇一二年一月十七日

13.6 关于印发《二〇一一年度工程结算中有关问题的处理意见》的通知

甘建价［2011］597号

各市、州建设局，甘肃矿区建委，省级有关厅、局、总公司，各有关建设、设计、施工、工程造价咨询单位：

根据各有关单位反映的二〇一一年工程结算有关问题，经分析研究，整理提出《二〇一一年度工程结算中有关问题的处理意见》（以下简称《意见》），现印发给你们，请速转所属单位，按此《意见》精神办理结算。

该《意见》自发布之日起执行，已办理了结算的工程，不再进行调整。以往规定与该《意见》不相符的，以该《意见》为准。执行中遇到的问题和建议，请及时函告甘肃省建设工程造价管理总站。

附件：二〇一一年度工程结算中有关问题的处理意见

二〇一一年十二月十六日

附件：

二〇一一年度工程结算中有关问题的处理意见

一、建筑工程

1. 砖混结构、钢结构基础采用竹胶模时，其模板费用应如何计算？

可参照《甘肃省建筑抗震加固工程预算定额》基价相应项目的人工费、材料费、机械费之和乘以 0.95 的系数计算。

2. 地暖保护层采用商品混凝土时，其振捣养护应如何套用定额项目？

应套用梁板子目。

3. 住宅飘窗板、空调板采用商品混凝土时，其振捣养护应如何套用定额项目？

应套用其他小型构件子目。

4. 人工挖土方、地槽、地沟、地坑时，设计要求挖深超过定额深度应如何计算？

应按垂直深度每超深 1 米折合水平运距 7 米计算。

5. 淤泥运输如何执行定额？

按土方运输定额乘以 1.7 的系数执行。

6. 构造底板及井桩施工过程中采用砖模时，其砌砖量应如何计算？

应按砖基础计算。

7. 机械台班定额中塔吊场外运输是按多少公里考虑的？

25 公里。

8. 人工挖井桩定额是否包括钢套筒？

未包括，可按实计算。

9. 依附于外墙有顶盖的通风井是否计算建筑面积？

可按建筑物的自然层计算建筑面积。

10. 机械成孔使用商品混凝土时，充盈系数如何计算？

按定额机械成孔相应项目规定的充盈系数计算。

11. 商品混凝土泵送费应如何计算？

我省各市、州发布的商品混凝土参考价格不包括泵送费时，可参照下表计算：

序　　号	泵送高度（m）以内	参考价格（元/m^3）
1	30	17.20
2	50	20.30
3	100	23.15

12. 建筑工程超高费是按不同高度区间，还是按檐口总高度套用定额？

以超高部分建筑面积为基础，按檐口总高度套用定额。

13. 有柱、梁、永久性顶板的室外钢梯是否计算建筑面积？

应按建筑物自然层的水平投影面积的1/2计算建筑面积。

二、安装工程

14. 电缆梯架安装套用什么定额？

电缆梯架安装应区别材质，套用第二册《电气设备安装工程消耗量定额》桥架安装项目中的梯式桥架子目。

15. 钢铝窗接地定额子目是否含跨接用钢材？

第二册《电气设备安装工程消耗量定额》的钢铝窗接地定额子目中已包括跨接用钢材，不得另行计算。

16. 自力式流量控制阀的安装套用什么定额？

自力式流量控制阀的安装应区分工业与民用项目，分别套用第三册《工业管道安装工程消耗量定额》和第四册《给排水、采暖、消防、燃气管道及器具安装工程消耗量定额》中有关阀门安装子目。

17. 室内钢塑复合给水管螺纹连接项目套用什么定额？

可套用第四册《给排水、采暖、消防、燃气管道及器具安装工程消耗量定额》的室内镀锌钢管螺纹连接项目，管件按钢塑管件价格换算。

18. 自动喷水消防管道采用法兰连接时，管件是否单独计算？第四册《给排水、采暖、消防、燃气管道及器具安装工程消耗量定额》水灭火系统管道采用法兰连接定额项目已包括管件的安装，未包括管件价值，应按施工图设计数量另行计算。

三、其他

19. 建筑业企业承揽建设工程，其规费如何计取？

建筑业企业承揽建设工程应办理《甘肃省建设工程费用标准证书》，并按证书中核定的标准计取；未办理《甘肃省建设工程费用标准证书》的，不得计取规费。

20.《甘肃省建筑安装工程费用定额》检验试验费中，是否包括塔式起重机的安全检测费、水（油）池渗漏试验费、特种设备检验费等费用？

不包括。

21. 大规模土石方工程的范围包括什么？

大规模土石方工程的范围包括一个单位工程内挖方或填方工程量在10000m^3以上的工程，还包括单独编制工程预算的场地平整、土石方处理（包括挖方或填方）、堤坝、沟渠、水池、运动场、机场、管道沟等的土石方工程。

22. 未发生夜间施工时，可否计取夜间施工费？

夜间施工费是根据建设工程施工的有关因素综合考虑的，实际是否发生夜间施工，均应按规定费率计取。

23. 外购构件工程是否计算二次搬运费？

一般建筑工程、安装工程及其他工程若满足计取二次搬运费的条件时，其附属的外购构件工程可计取二次搬运费。

第14章 江 苏 地 区

14.1 省住房和城乡建设厅关于印发《江苏省城市轨道交通工程计价表》的通知

苏建价〔2012〕705号

各省辖市住建局（委）、省有关厅、局：

为适应我省城市轨道交通工程的建设与发展，根据《建设工程工程量清单计价规范》（GB 50500—2008）以及《城市轨道交通工程预算定额》（GCG 103—2008），我厅组织编制了《江苏省城市轨道交通工程计价表》，现予印发，请遵照执行。

本计价表自2013年4月1日起执行，具体执行办法另行通知。相关事项由江苏省建设工程造价管理总站负责解释和管理。

江苏省住房和城乡建设厅

2012年12月26日

14.2 江苏省住房城乡建设厅关于发布建设工程人工工资指导价的通知

各省辖市建设局（委），各有关单位：

根据《省住房和城乡建设厅关于对建设工程人工工资单价实行动态管理的通知》（苏建价〔2012〕633号文），我厅组织各市测算了建设工程人工工资指导价，现予以发布，从2013年3月1日起执行。

附件：江苏省建设工程人工工资指导价（略）

江苏省住房和城乡建设厅

2013年2月22日

14.3 关于我市建设工程竣工结算差价调整的指导意见

苏住建价〔2012〕19号

各市、区住建局，苏州工业园区规划建设局，市各有关部门：

为规范工程造价计价行为，合理确定和有效控制工程造价，维护建设工程发承包双方的合法权益，同时为保障发承包双方工程竣工结算工作的顺利进行，现对我市建设工程竣工结算差价调整提出如下指导意见：

一、建设工程造价极易受到市场价格变化的影响，特别是当构成工程造价的人工、材料、机械等要素的市场价格大幅波动时，将给发承包双方带来很大的风险，严重影响施工合同的正常履行。因此，发承包双方在招投标和施工合同签订过程中，应增强风险防范意识，签订合理的价格风险分担条款。

二、发承包双方应当在施工合同中事先明确约定差价调整办法，竣工结算时，按合同约定的条款调整差价。主要条款包括：

1. 可调价要素的类别名称，例如：人工、钢材、混凝土、水泥、电线、电缆、沥青、石材、铝合金等等。可调价要素的确定应以其价值占工程造价比重较大、其价格波动对工程造价影响明显者为原则；

2. 承包人承担的可调价要素的风险幅度；

3. 超过合同约定的风险幅度值时的调整方法。

三、如果合同中未约定差价调整办法的，或虽有约定，但约定不明确或矛盾的，发承包双方应协商解决。可按下述指导意见签订补充协议，补充协议须向工程所在地建设行政主管部门备案。

1. 采用固定价格(包括固定总价与固定单价)合同形式的工程，计取了风险费用的，并且合同工期在 6 个月以内的，不再调整差价。

2. 采用固定价格(包括固定总价与固定单价)合同形式的工程，未计取风险费用的，或虽然计取了风险费用但合同工期在 6 个月以上的，在扣除风险费用后，差价按如下办法调整：

(1) 可调价要素：人工、钢材、混凝土、水泥、电线、电缆、沥青、石材、铝合金等等，以及其价值占单位专业工程分部分项工程费 5%以上的其他要素者。计算公式如下：

占比(%)=某要素单位专业工程总数量(包括变更调整数量)×中标单价/中标的单位专业工程分部分项工程费(包括变更调整部分)×100%。

(2) 承包人承担的可调价要素的风险幅度值为 5%。

(3) 施工期间可调价要素价格的涨、跌幅度以招标控制价所采用的月份价格为基础，涨、跌幅度在 5%以内(含 5%)时，其差价由承包人承担或受益；涨、跌幅度超出 5%时，其超出部分的差价由发包人承担或受益，计算公式如下：

①上涨超出 5%时，差价(正值)=(施工期间可调价要素加权平均价－招标控制价所采用的月份价格×1.05)×(1－该要素单价让利幅度)；

②下跌超出 5%时，差价(负值)=(施工期间可调价要素加权平均价－招标控制价所采用的月份价格×0.95)×(1－该要素单价让利幅度)。

施工期间可调价要素加权平均价=Σ(每月实际使用量×当月价格)/该要素总用量。

3. 采用可调价格合同形式的工程，差价按如下办法调整：

(1) 某要素价值占单位专业工程分部分项工程费 5%以上者。

差价=(施工期间可调价要素加权平均价－招标控制价所采用的月份价格)×(1－该要素单价让利幅度)。

(2) 某要素价值占单位专业工程分部分项工程费 5%以下（含 5%）者。

差价=(实际开竣工期间可调价要素算术平均价－招标控制价所采用的月份价格)×(1－中标让利幅度)。

4. 当某个月造价管理部门发布一次以上价格时，当月价格按当月调整的次数加权平均计算；当每月实际使用量无法确定时，可以根据当月完成的工作量分析出的数量计算；当某要素单价让利幅度无法确定时，可以采用中标让利幅度。

5. 因发包人或承包人原因造成工期延误的，延误期间遇价格波动造成的差价损失由责任方承担。

四、差价应根据计价规则计取相关费用和税金，并作为追加（减）合同价款和工程进度款同期支付。

五、为提高工程结算的效率和质量，在施工过程中应及时办理当月各要素用量清单。

六、本指导意见适用于招标工程的竣工结算，依法不招标的工程可参照执行。

七、本指导意见自2013年3月1日起施行，已经完成竣工结算的工程不再调整。以前有关文件中规定与本文不一致的，以本文为准；原苏建价〔2009〕10号文停止执行。发文之日前原合同约定按苏建价〔2009〕10号文调整差价的，从其约定。

二〇一二年十二月二十三日

14.4　省住房和城乡建设厅关于对建设工程人工工资单价实行动态管理的通知

苏建价〔2012〕633号

各省辖市住建局（委）：

为切实保障建设工程施工人员的合法权益，有效控制和合理确定建设工程造价，促进我省建筑业健康稳定发展，根据《建设工程工程量清单计价规范》（GB 50500—2008）的相关规定及我省建筑市场实际用工情况，经征求有关部门意见，决定对我省建设工程人工工资单价实行动态管理。现将有关事项通知如下：

一、我省建设工程人工工资单价发布分为预算人工工资单价与人工工资指导价两种形式。

现行预算人工工资单价按照《关于调整我省建筑、装饰、安装、市政、修缮加固、城市轨道交通、仿古建筑及园林工程预算工资单价的通知》（苏建价〔2011〕812号）执行。预算人工工资单价作为建设工程费用定额测算的依据，根据建筑市场用工成本变化适时调整，由省住房和城乡建设厅征求相关部门意见后作为政策性调整文件发布。

人工工资指导价由各省辖市造价管理机构根据当地市场实际情况测算，报省建设工程造价管理总站审核，由省住房和城乡建设厅统一发布各市人工工资指导价。一般每年发布两次，执行时间分别是3月1日、9月1日。当建筑市场用工发生大幅波动时，应适时发布人工工资指导价。

二、人工工资指导价是建设工程编制概预算、招标控制价（最高限价）的依据，是施工企业投标报价的参考。

建设单位应在招标文件中考虑人工工资指导价调整因素，原则上不得限制人工费用的合理调整。发承包双方应在施工合同中明确约定人工费调整方法。施工合同没有约定时，人工单价按照施工期间对应的人工工资指导价进行调整，并扣除原投标报价中人工单价相对于基准日人工工资指导价的让利部分。

三、人工工资指导价作为动态反映市场用工成本变化的价格要素，计入定额基价，并计取相关费用。

四、人工工资指导价主要依据建筑市场用工成本变化情况进行调整，同时应综合考虑当地居民消费价格指数、最低工资标准以及企业工资指导线等因素。

五、人工工资指导价发布应按照现行定额人工分类。各市工程造价管理机构应与本地区有代表性的施工企业和建筑劳务公司合作，建立市场劳务用工成本测报机制。要求各市每个工种固定测报点不得少于5个。具体测报办法另行发文。

六、测算人工工资指导价应统一按职工每日工作8小时计算，人工工资指导价是指直接支付给从事建设工程施工的生产职工的工资，其主要构成如下：

1. 计时工资：按计时工资标准和工作时间支付给个人的劳动报酬。

2. 计件工资：对已做工作按计件单价支付的劳动报酬。

3. 奖金：支付给职工的超额劳动报酬和增收节支的劳动报酬。

4. 津贴和补贴：为了补偿职工特殊或额外的劳动消耗和因其他特殊原因支付给职工的津贴，以及为了保证职工工资水平不受物价影响支付给职工的物价补贴。

5. 特殊情况下支付的工资：根据国家法律、法规和政策规定，因病、工伤、产假、计划生育假、婚丧假、事假、探亲假、定期休假、停工学习、执行国家或社会义务等原因按计时工资标准或计件工资标准的一定比例支付的工资。

上述构成中不包含社会保障费和公积金中企业应为职工缴纳部分。

七、本通知从2012年12月1日起实施。各市应认真拟定措施，尽快实施到位，安排专人负责人工工资指导价的测报工作。

江苏省住房和城乡建设厅

2012年11月12日

14.5 关于取消建设工程建筑安全监督管理费的通知

苏建价站（2012）2号

各市造价管理处（站），各有关单位：

根据《江苏省财政厅、江苏省物价局转发财政部、国家发展改革委员会〈关于公布取消253项涉及企业行政事业性收费的通知〉》（苏价综［2012］1号），我省从2012年2月1起，取消建设工程中的建筑安全监督管理费。具体执行方式如下：

1. 对于2012年2月1日以后（包括2月1日）签订施工合同的建设工程，不计取建筑安全监督管理费。

2. 对于2012年2月1日以前签订施工合同的在建建设工程，由非本省建筑业企业施工的，仍按原规定计取建筑安全监督管理费；由本省建筑业企业施工的，工程结算时，按各省辖市具体规定执行。

二〇一二年二月二十二日

14.6 关于调整建筑、装饰、安装、市政、修缮加固、城市轨道交通、仿古建筑及园林工程预算工资单价的通知

苏建价〔2011〕812号

各省辖市住建局（建委），各有关单位：

为了切实反映建筑市场用工价格变化情况，积极保障建设领域劳动者的合法权益，促进我省建筑市场的健康有序发展，经商省有关部门，决定调整我省建筑、装饰、安装、市政、修缮加固、城市轨道交通和仿古建筑及园林工程的预算工资单价标准。具体事项通知如下：

一、预算工资单价标准

单位：元/工日

<table>
<tr><th rowspan="3" colspan="2">工程类型</th><th colspan="5">预算工资单价</th></tr>
<tr><th colspan="3">包工包料工程</th><th rowspan="2">包工不包料工程</th><th rowspan="2">点工</th></tr>
<tr><th>一类工</th><th>二类工</th><th>三类工</th></tr>
<tr><td colspan="2">建筑工程</td><td>70</td><td>67</td><td>63</td><td>88</td><td>73</td></tr>
<tr><td colspan="2">装饰工程</td><td colspan="3">70～90</td><td>90～110</td><td>77</td></tr>
<tr><td colspan="2">安装、市政工程</td><td>63</td><td>60</td><td>56</td><td>79</td><td>65</td></tr>
<tr><td colspan="2">修缮加固工程</td><td colspan="3">63</td><td>83</td><td>69</td></tr>
<tr><td colspan="2">城市轨道交通工程</td><td colspan="3">67</td><td>88</td><td>73</td></tr>
<tr><td rowspan="3">古建园林工程</td><td>第一册</td><td colspan="3">61</td><td>81</td><td>67</td></tr>
<tr><td>第二册</td><td colspan="3">69</td><td>89</td><td>73</td></tr>
<tr><td>第三册</td><td colspan="3">58</td><td>81</td><td>67</td></tr>
</table>

附注：机械台班定额中的预算工资单价按照67元/工日执行。

二、调整方法

1. 编制投资估算、设计概算、招投标工程编制招标控制价（标底）和依法不招标工程编制预算时，工资单价均按本通知规定的标准执行。

2. 2012年2月1日之前签订施工合同的在建工程，2012年2月1日之后完成的工程量部分按本通知规定的标准调增，施工合同另有约定的除外；原投标报价或签订施工合同时工资单价有让利的，工资单价调整时应扣除原让利部分。

3. 本通知规定的预算工资单价标准，按照费用定额（计算规则）规定，应计入基价，作为取费基础。

三、其他

1. 本通知自2012年2月1日起执行。

2. 建设工程预算工资直接关系到施工工人的切身利益。请工程建设各方严格按本通知规定标准进行工程计价。明年我省将改变现行做法，研究出台建设工程预算人工工资单价的有效调整办法，实现预算工资单价的动态调整。

二〇一一年十二月二十六日

14.7　关于印发《江苏省施工机械台班补充定额》的通知

苏建价〔2011〕791 号

各市工程造价管理处（站）、各有关单位：

为完善我省机械台班定额子目，我站组织编制了《江苏省施工机械台班补充定额》，对目前施工中常用的机械台班定额缺项子目进行了补充，现予印发。该补充定额与《江苏省施工机械台班 2007 年单价表》配套使用，自 2012 年 1 月 1 日起施行。

本补充定额由江苏省建设工程造价管理总站负责解释和管理

二〇一一年十二月十三日

编　制　说　明

一、本补充定额对《江苏省施工机械台班 2007 年单价表》中引用机械台班费用组成和轨道交通施工中常用机械台班单价进行了补充。包括：挖掘机械、桩工、钻孔机械、混凝土及灰浆用机械、铲土及水平运输机械、起重及垂直运输机械、压实及路面机械、清洗筛选及装修机械、加工机械、木工机械、切割及打磨机械、焊接机械、冷却及热处理机械、环卫机械、钻探及地下工程机械、潜水及水面作业机械、动力机械、其他工程机械共计 17 类 98 个子目。原引用机械台班单价与本补充定额不一致的，以本补充定额为准。

二、本补充定额中原编码为《江苏省施工机械台班 2007 年单价表》机械编码，新编码为参照建设部《建设工程人材机数据标准（征求意见稿）》后统一的新编编码。

三、本补充定额机械台班单价由折旧费、大修理费、经常修理费、安拆费及场外运费、燃料动力费、人工费、其他费用组成。

四、本补充定额中人工费和燃料动力费的价格调整如下：人工：53 元/工日；汽油：8.4 元/kg；柴油：7.48 元/kg；电：0.75 元/kwh；煤：390 元/t ；木柴：0.35 元/kg；水：4.1 元/m^3。

五、本补充定额说明中未说明部分同《江苏省施工机械台班 2007 年单价表》。

附注：我站之前发布的《江苏省施工机械台班 2007 年单价表》中部分子目已作调整，以本次更新为准。

第15章 福 建 地 区

15.1 关于发布建筑起重机械一体化台班单价（试行）的通知

闽建筑〔2013〕6号

各设区市建设局（建委）、平潭综合试验区交通与建设局：

为推进建筑起重机械租赁、安装、拆卸、维修、保养“一体化”工作顺利实施，根据省住房和城乡建设厅印发的闽建［2012］6号和闽建筑［2012］35号文件精神，省造价管理总站测算编制了建筑起重机械一体化台班单价（以下简称“本单价”），现予发布，自2013年2月1日起试行。有关事项说明如下：

一、本单价与省住房和城乡建设厅发布的各季度施工机械台班单价配套执行，并将适时并入每季度施工机械台班单价发布。

二、按闽建筑［2012］35号文件规定必须选用建机一体化企业的工程，在编制施工图预算、招标控制价时，应当按照本单价确定相关一体化机械台班单价；在编制投标报价时，一体化机械台班单价不得低于控制价中相应单价的90%。

三、本单价在试行期间有何问题和建议，请及时向省建设工程造价管理总站反映。

附件：建筑起重机械一体化台班单价.doc

福建省住房和城乡建设厅

2013年1月30日

附件

建筑起重机械一体化台班单价

序号	机械名称	规格型号	单价（元/台班）
1	自升式塔式起重机	起重力矩 1000kN·m以内	1068
2		起重力矩 1250kN·m	1149
3		起重力矩 1500kN·m	1267
4	双笼施工电梯	提升质量 2×1t 提升高度 100m	469
5		提升质量 2×1t 提升高度 150m	536
6		提升质量 2×2t 提升高度 100m	600
7		提升质量 2×2t 提升高度 150m	688
8	变频调速双笼施工电梯	提升质量 2×2t 提升高度 100m	967
9		提升质量 2×2t 提升高度 150m	1180
10		提升质量 2×2t 提升高度 200m	1339

15.2 关于颁发《风镐破碎石方》等补充定额的通知

闽建筑〔2012〕39号

各设区市建设局（建委）、平潭综合试验区交通与建设局：

为适应我省工程建设需要，合理确定工程造价，省造价管理总站组织编制了《风镐破碎石方》等补充定额（详附件），现予颁发，自2013年1月1日起施行。有关事项说明如下：

一、《风镐破碎石方》等37项补充定额与《福建省市政工程消耗量定额》（FJYD-401～407—2005）配套使用。

二、取消《福建省市政工程消耗量定额》（FJYD-401～407—2005）中人工凿石（40101233～40101236）、液压岩石破碎机破碎岩石、混凝土和钢筋混凝土（40101261～40101272）、路面铣刨机铣刨沥青路面（40104087）、小型定向钻机穿越敷管（40611019～40611023）等22项定额。

三、《沥青路面更换可调式检查井盖座》等4项补充定额与《福建省市政维护工程消耗量定额》（FJYD-601—2007）配套使用。

附件：1.《风镐破碎石方》等37项补充定额

2.《沥青路面更换可调式检查井盖座》等4项补充定额

福建省住房和城乡建设厅

2012年12月1日

15.3 关于调整建筑工程部分模板及支架定额消耗量的通知

闽建筑〔2012〕40号

各设区市建设局（建委），平潭综合实验区交通与建设局：

为适应我省工程建设需要，合理确定工程造价，经调查测算，决定调整《关于颁发〈加气混凝土砌块等72项补充定额〉、〈喷涂聚氨酯硬泡等41项补充定额〉和调整〈福建省建筑装饰装修工程消耗量定额〉（FJYD-201-2005）砂垫层等173项消耗量的通知》（闽建筑〔2011〕6号）中的钢管支撑胶合板模板部分补充定额消耗量。有关事项通知如下：

一、适当缩小现浇混凝土、钢筋混凝土模板及支架补充定额的模板周转次数，具体胶合板、支架和人工消耗量调整内容详见附件。

二、本通知自2013年1月1日起施行。2012年12月31日前（含2012年12月31日，下同）已发出招标文件的工程，按招标文件规定执行；2012年12月31日前已签订建设工程施工合同的工程，按合同约定执行。

福建省住房和城乡建设厅

2012年12月3日

15.4　关于价格调整基金计取有关问题的通知

闽建筑〔2012〕36号

各设区市建设局（建委），平潭综合实验区交通与建设局：

根据《福建省价格调节基金管理办法》（省政府第118号令），建筑业的价格调节基金按营业额的0.1%～0.5%征收，具体的征收项目和标准由市、县（区）人民政府确定并向社会公布，自2012年10月1日起施行。经研究，现就建筑安装工程造价中的价格调节基金计取问题通知如下：

一、价格调节基金在《福建省建筑安装工程费用定额》的规费中计取，作为不可竞争费用。

二、价格调节基金的取费基数为分部分项工程费、措施项目费、其他项目费、规费中的其他费用等税前造价。

三、自本通知发布之日起，招标控制价、投标报价、施工合同价应当按规定的标准计取价格调节基金。

福建省住房和城乡建设厅

二〇一二年十一月十二日

15.5　关于颁发《福建省安装工程消耗量定额》（FJDY-301～312—2012）的通知

闽建筑〔2012〕17号

各设区市建设局（建委）、平潭综合实验区交通与建设局：

为适应我省工程建设需要，合理确定安装工程造价，由省建设工程造价管理总站组织编制的《福建省安装工程消耗量定额》第一册～第十二册（FJYD-301～312-2012）（以下简称本定额），经会同省发改委、财政厅研究同意，现予颁发，自2012年10月1日起施行。原福建省建设厅颁发的《全国统一安装工程预算定额福建省综合单价表》（2002版）（闽建筑〔2002〕103号文）同时停止执行。

本定额是我省完成规定计量单位安装分项工程所需的人工、材料、施工机械台班消耗量标准；是编制审核安装工程施工图预算、招标工程控制价，调解处理工程造价纠纷、鉴定工程造价的依据；是编制安装工程设计概算、投资估算的基础；是编制安装工程企业定额、投标报价的参考。本定额适用于我省行政区域范围内新建、扩建和改建的安装工程。

本定额由福建省建设工程造价管理总站负责管理和解释。

福建省住房和城乡建设厅

二〇一二年六月十八日

15.6 关于发布闽建筑〔2011〕43 号文有关材料与施工机械台班基价及其编码的通知

闽建价〔2012〕7 号

各设区市造价站、各计价软件单位：

为配套《三轴水泥搅拌桩等 33 项补充定额》（闽建筑〔2011〕43 号）的使用，现将有关材料与施工机械台班基价及其编码予以发布。补充的人材机编码，作为《福建省房屋建筑与市政基础设施工程造价电子数据交换导则》和《福建省房屋建筑与市政基础设施工程造价元素的属性值》的配套规定。各计价软件单位应依据导则、属性值和人材机编码，认真修改计价软件，及时做好软件的升级服务工作，以适应网上远程评标系统运行。

附件：闽建筑［2011］43 号文有关材料与施工机械台班基价及其编码 . xls

福建省建设工程造价管理总站

二○一二年二月二十七日

附件

闽建筑［2011］43 号文有关材料与施工机械台班基价及其编码

序号	材料编号	材料名称	规格	单位	基价（元）
1	250300900245000	高压胶管（灰浆搅拌系统专用）		m	42.75
2	520501300063000	合金钻头	B130H	个	105.00
3	130302100031000	H 型钢		t	5300.00
4	520700100717000	H 型钢使用费		t. d	5.80
5	240300700199000	减摩剂		kg	10.00
6	520300100193000	二氧化碳保护焊丝		kg	7.25
7	520300100195000	碳棒	ϕ8	根	1.50
8	520300100197000	低合金实芯焊丝	ϕ1. 2mm	kg	9.85
9	520300100199000	低合金药芯焊丝	ϕ1. 2mm	kg	12.60
10	130500100471000	钢板 Q345		t	4900.00
11	241300100025000	丙烷		kg	8.75
12	241300100027000	二氧化碳		kg	2.10
13	131300101535000	镀锌低碳钢丝	ϕ3mm	kg	7.80
14	520500101085000	六角螺栓		kg	6.32
15	520500300259000	栓钉（含磁环）	19×80	根	2.18
16	241300100019000	氧气		m^3	5.83
17	520300100101000	埋弧焊剂		kg	4.00
18	611100100153000	BZ-20 灰浆拌浆系统		台班	1083.74

续表

序号	材料编号	材料名称	规格	单位	基价（元）
19	610300100145000	千斤顶拔桩设备		台班	453.08
20	611700100117000	埋弧气刨机	ZX5-1000	台班	120.85
21	611700100119000	二氧化碳气体保护焊机	NB500	台班	59.10
22	611300100307000	液压矫正机	YJZ-60B	台班	409.61
23	612300100455000	焊剂烘干机	YJJ-A-300	台班	42.36
24	611300100309000	H 型钢组立机	HZJ-2500	台班	394.53
25	611300100311000	数控切割机	CNC/GDZ-400	台班	238.78
26	611700100121000	双悬臂式焊接机	SXBH20	台班	303.29
27	611300100313000	摇臂钻床	Z3050×16/1	台班	146.06
28	611300100315000	数控平板钻床	CDMP2012	台班	332.71
29	611300100317000	数控转角带锯床	SAW1260	台班	256.09
30	611300100319000	800 吨压力机	XPICM-20000	台班	1618.96
31	611300100321000	卷板机	W11NC-40×3200	台班	963.16
32	611300100323000	对称式三轴卷板机	EZW11-100×3200	台班	1800.58
33	611700100123000	悬臂式电清焊接机		台班	514.32
34	611700100125000	栓钉熔焊机		台班	419.25
35	610300100147000	三轴搅拌桩机	D850	台班	

15.7 关于调整建筑安装工程税率的通知

闽建筑〔2012〕4 号

各设区市建设局（建委），平潭综合实验区交通与建设局：

根据《福建省人民政府关于调整地方教育附加征收标准等有关问题的通知》（闽政文〔2011〕230 号），地方教育附加征收率从 1%调整到 2%，自 2011 年 1 月 1 日起施行，现对《福建省建筑安装工程费用定额》（2003 版）的建筑安装工程税率进行调整，调整前后的税率见下表：

工程所在地	计税基数	调整前税率（%）	调整后税率（%）
市区（含县级市）	分部分项工程费、措施项目费、其他项目费、规费之和（不含税工程造价）	3.445	3.477
县城、乡镇		3.381	3.413
其他地区		3.252	3.284

本通知发文之日未签订施工合同的工程，按本通知执行。本通知发文之日以前已签订施工合同的工程，按合同约定执行。

福建省住房和城乡建设厅

二〇一二年二月八日

15.8 关于颁发《三轴水泥搅拌桩等33项补充定额》的通知

闽建筑〔2011〕43号

各设区市建设局（建委）、平潭综合试验区交通与建设局：

为适应我省工程建设需要，合理确定工程造价，省造价管理总站组织编制了《三轴水泥搅拌桩等33项补充定额》（详附件），现予颁发，与《福建省建筑工程消耗量定额》（FJYD-101—2005）配套使用，自2012年3月1日起施行。

本补充定额中人工预算单价执行其他工程用工单价。

附件三轴水泥搅拌桩等33项补充定额.xls

福建省住房和城乡建设厅

二〇一一年十二月三十日

第16章　新　疆　地　区

16.1　关于发布乌鲁木齐地区2012年11月份建设工程价格信息的通知

新建总造字〔2012〕30号

伊犁哈萨克自治州建设局，各地、州、市建设局（建委），有关厅、局、委、办、行，兵团建设局，新疆军区司令部、后勤部，武警新疆总队，中央驻疆单位，自治区各设计、施工单位：

为做好乌鲁木齐地区建设工程人工、材料、机械台班价格信息发布工作（本建设工程是指：建筑、装饰装修、安装、市政、仿古建筑及园林、房屋修缮及抗震加固工程），根据乌鲁木齐地区建筑市场价格变化情况，我站编制了《乌鲁木齐地区2012年11月份建设工程价格信息》，现予以发布，并就有关事项通知如下：

一、根据目前建筑市场价格变化情况，执行现行建筑、装饰、安装计价定额编制招标控制价时，人工费单价上限调整内容按新建总造字【2012】26号文件有关规定执行，机械费的调整按新建总造字【2011】08号文件有关规定执行。

二、建设工程定额计价价格信息

（一）人工费单价的调整

市场人工费单价的调整按现行乌鲁木齐市建设委员会发布的相关文件执行。

（二）材料价格的调整

1. 材料价格可参照本文“附件”中所列价格信息与定额内供应价进行调整，未发布的材料价格信息，应参照甲、乙双方认定发票供应价与定额内供应价进行找差，以上价差部分只计税金。

2. 仿古建筑及园林、房屋修缮工程主材按照本文“附件”所列价格信息组成预算价与相应定额内材料预算价找差，未列入“附件”的材料，可依据甲、乙双方认定的发票供应价组成预算价与定额内预算价进行找差，价差不参与取费，只计税金。

鉴于目前建筑市场材料价格变动幅度较大，若发包方与承包方共同认可，其价格可依据甲、乙双方认可的材料价格进行计算，并在合同中约定。

（三）定额内机械费调整

1. 仿古建筑及园林工程定额内机械费的调整，在1997年仿古建筑及园林工程预算定额中以百分比计算的机械费为基数上调17.95%，调整部分不参与取费，只计税金。

2. 房屋修缮工程定额内机械费的调整，在1999年房屋修缮工程预算定额基础上，以定额内机械费加中小型机械费为计算基数上调5.85%，调整部分不参与取费，只计税金。

三、各地、州、市工程造价管理站应按照本通知要求，切实做好本地区建设工程价格信息发布工作。

本通知由自治区工程造价管理总站负责解释。

自治区工程造价管理总站
二〇一三年一月五日

16.2 关于发布《新疆维吾尔自治区建设工程造价信息管理办法》的通知

新建标〔2013〕2号

伊犁哈萨克自治州建设局，各州（市）、地建设局（建委），兵团建设局，各有关单位：

为加强建设工程造价信息化管理，规范建设工程造价信息的收集、整理和发布，充分发挥建设工程造价信息在工程建设计价中的作用，根据国家有关规定，结合我区实际，制定了《新疆维吾尔自治区建设工程造价信息化管理办法》。现印发给你们，请遵照执行。

自治区住房和城乡建设厅
2013年1月5日

新疆维吾尔自治区建设工程造价信息管理办法

第一条 为进一步加强自治区建设工程造价信息管理，依据《新疆维吾尔自治区建设工程造价管理办法》（自治区人民政府令138号）和《关于做好建设工程造价信息化管理工作的若干意见》（建标造函〔2011〕46号），制定本办法。

第二条 自治区行政区域内建设工程造价信息管理，适用本办法。

本办法所称建设工程造价信息，是指通过建设工程信息化平台的建设、维护、运行，及时准确发布建设工程造价信息，为建设工程投资估算、设计概算、施工图预算、招标控制价、投标报价的编制，工程合同价约定、竣工结算、工程造价鉴定，以及政府监管提供的专业服务和公共服务。

本办法所称建设工程造价信息平台，是指为实现国家、行业、地方建设工程造价信息互联互通和数据共享，完成建设工程造价信息的收集、整理、分析、上报、发布而开发的信息系统的总称。

第三条 建设工程造价信息平台，分为政务信息、计价依据信息和工程造价指标、指数、价格信息等。

（一）政务信息包括与建设工程造价管理相关的法律、法规、规章、政策规定，行政许可，工作动态等；

（二）计价依据信息包括国家、自治区发布计价规范、统一定额，地方和行业发布的投资估算指标、概算指标、工程定额及地区单位估价表，建设工程费用定额及标准、工期定额、劳动定额，各类工程参考性生产要素市场价格信息等；

（三）指标信息包括各类工程不同阶段的单位造价和消耗量信息，如人工成本信息，住宅、市政基础设施、保障性住房、安居富民工程、抗震加固造价信息等；

（四）指数类信息包括不同时期造价指标以及构成工程造价的人工、材料、施工机械价格水平变动趋势和程度相对数的信息；

（五）价格信息包括一定时段内的人工、材料、施工机械等要素的单位价格等。

第四条 自治区建设工程造价管理机构依照本办法，履行下列职责：

（一）依据全国建设工程造价信息化管理发展规划，制定自治区建设工程造价信息管理发展规划和实施性规定，经自治区住房和城乡建设行政主管部门审批后，组织实施；

（二）按照国家统一数据标准，建设、维护、运行自治区建设工程造价信息平台，及时收集、整理、分析、上报、发布自治区建设工程造价信息；

（三）适时汇总编制，每季度一次发布州、地（市）上报的指标、指数信息，每月一次发布乌鲁木齐地区价格信息；

（四）指导并监督检查州、地（市）建设工程造价信息化工作。

第五条 州、地（市）建设工程造价管理机构依照本办法，履行下列职责：

（一）及时发布本地区建设工程造价政务信息；

（二）按照国家和自治区工程造价信息数据标准和相关规定，及时收集、整理、分析本地建设工程造价指标、指数信息，每季度末向自治区建设工程造价管理机构上报；

（三）每月发布一次本地区价格信息。

第六条 建设工程造价管理机构应当通过下列方式收集、积累建设工程造价原始数据：

（一）在本机构备案的勘察合同、设计合同、施工合同，以及招标控制价、工程竣工结算文件等建设工程造价成果文件；

（二）向本地主要施工企业布置的月（季）度材料使用量及价格调查资料；

（三）向本地区主要材料生产企业、代理商、经销商、建材市场布置的销售价格调查资料。

第七条 建设工程造价管理机构应当以单项工程为单位，分阶段并按照建设工程造价编码规则、建设工程造价数据标准收集、积累工程造价信息数据，并对收集、累积的工程造价数据进行整理、分析、测算，为形成工程建设需要的工程造价信息提供数据依据。

第八条 建设工程造价管理机构应当建立并落实安全责任和监督检查责任，收集、整理、上报、发布工程造价信息必须严格遵守国家、自治区网络和信息安全管理的相关规定，确保建设工程造价信息平台运行和数据的安全。

第九条 建设工程造价管理机构应当加强工程造价信息管理队伍建设，加强对工程造价管理人员和信息收集、整理、分析、上报人员的信息化知识和应用技能等业务能力的培训，确保信息采集应符合国家标准、规范，且能客观、全面、准确、及时反映建设工程造价变动的客观实际。

第十条 本办法自发布之日起施行。

16.3 关于发布乌鲁木齐地区2012年第三季度建设工程定额内市场人工单价信息的通知

乌建发〔2012〕502号

乌鲁木齐市各相关单位:

为加强对乌鲁木齐地区建设工程定额计价工程市场人工单价的动态管理，引导建设市场各方主体合理确定定额人工费水平，根据《新疆维吾尔自治区建设工程造价管理办法》、《关于调整乌鲁木齐地区建设工程定额人工费单价的通知》(新建造〔2008〕3号)、《关于发布〈新疆维吾尔自治区建筑工程、全国统一安装及装饰装修工程(消耗量)预算定额2010年乌鲁木齐地区单位估价表〉的通知》(新建造〔2010〕4号)、《关于发布〈新疆维吾尔自治区建筑安装工程费用定额〉的通知》(新建造〔2010〕5号)的规定，市建委组织调查测算了乌鲁木齐地区建设工程2012年第三季度定额内市场人工单价，现就有关事项通知如下：

一、定额内市场人工单价信息，是编制工程概算、施工图预算、招标控制价、投标报价、签订施工合同、办理工程结算的参考依据，建设工程施工合同双方应在合同中按约定执行。

二、本定额内市场人工单价信息，适用于2012年第三季度期间在建的定额计价工程。

三、如合同约定执行人工费单价下限的，参考下列标准进行调整：

建筑工程调增23.07元/定额工日；

安装工程调增23.61元/定额工日；

装饰装修工程调增25.37元/定额工日；

抗震加固工程参照执行。

四、执行市政、仿古建筑及园林、房屋修缮定额（不含安装定额）的工程在新建造〔2008〕3号文件的基础上人工单价调增37.11元/定额工日；执行市政安装定额及房屋修缮安装定额的工程在新建造〔2008〕3号文件的基础上人工单价调增37.95元/定额工日。

五、定额内市场人工单价的调整是对定额人工单价找差，调增部分单独列项，只计税金，不计取其他费用。

已签订施工合同的工程项目按合同约定执行，已经进行结算的工程项目不再调整。

六、本通知由乌鲁木齐市建设委员会负责解释。

16.4 关于发布乌鲁木齐地区2012年4月份建设工程价格信息的通知

新建总造字〔2012〕12号

伊犁哈萨克自治州建设局，各地、州、市建设局（建委），有关厅、局、委、办、行，兵团建设局，新疆军区司令部、后勤部，武警新疆总队，中央驻疆单位，自治区各设计、施工单位：

为做好乌鲁木齐地区建设工程人工、材料、机械台班价格信息发布工作（本建设工程是指：建筑、装饰装修、安装、市政、仿古建筑及园林、房屋修缮及抗震加固工程），根据乌鲁木齐地区建筑市场价格变化情况，我站编制了《乌鲁木齐地区 2012 年 4 月份建设工程价格信息》，现予以发布，作为建设工程计价的参考依据。并就有关事项通知如下：

一、根据目前建筑市场变化情况，在编制招标控制价时，人工费单价上限和机械费的调整按新建总造字【2011】08 号文中的相关规定执行；材料价格可参照本文“附件”中所列价格信息进行调整，未发布的材料价格信息，应参照甲、乙双方认定的发票供应价与定额内供应价进行找差，价差部分只计税金。

二、建设工程定额计价价格信息

（一）定额内人工费单价的调整

1. 定额内政策性人工费单价调整：市政、仿古建筑及园林、房屋修缮工程定额内人工费单价的调整按照《关于调整乌鲁木齐地区建设工程定额人工费单价的通知》（新建造［2008］3 号）规定执行。

2. 市场人工费单价的调整按现行乌鲁木齐市建设委员会发布的相关文件执行。

（二）定额内材料价格的调整

1. 建筑、装饰装修、安装、抗震加固工程材料价格可参照本文“附件”中所列价格信息进行调整，未发布的材料价格信息，应参照甲、乙双方认定发票供应价与定额内供应价进行找差，价差部分只计税金。

2. 市政工程材料价格按照本文“附件”所列价格信息与定额内材料供应价找差，未列入“附件”的材料，可依据甲、乙双方认定的发票供应价与定额内供应价找差。价差不参与取费，只计税金。

3. 仿古建筑及园林、房屋修缮工程主材按照本文“附件”所列价格信息组成预算价与相应定额内材料预算价找差，未列入“附件”的材料，可依据甲、乙双方认定的发票供应价组成预算价与定额内预算价找差。价差不参与取费，只计税金。

4. 市政工程若使用商品混凝土，应按照《新疆市政工程商品混凝土消耗量定额 2003 年乌鲁木齐地区参考单价》（新建总造字［2003］65 号）执行，并根据本文“附件”所列商品混凝土价格信息与《新疆市政工程商品混凝土消耗量定额 2003 年乌鲁木齐地区参考单价》定额内商品混凝土预算价找差。价差不参与取费，只计税金。

鉴于目前建筑市场材料价格变动幅度较大，若发包方与承包方共同认可，其价格可依据甲、乙双方认可的材料价格进行计算，并在合同中约定。

（三）定额内机械费调整

1. 建筑、装饰装修、安装工程定额机械费的调整按新建总造字【2011】08 号文的相关规定执行。

2. 仿古建筑及园林工程定额内机械费的调整，在 1997 年仿古建筑及园林工程预算定额基础上，以定额内机械费为计算基数上调 18.63%，调整部分不参与取费，只计税金。

3. 房屋修缮工程定额内机械费的调整，在 1999 年房屋修缮工程预算定额基础上，以定额内机械费加中小型机械费为计算基数上调 6.08%，调整部分不参与取费，只计税金。

三、费用定额的管理与调整

1. 建筑安装工程费用定额的管理按新建总造字【2011】08 号文的相关规定执行。

2. 市政、仿古建筑及园林、房屋修缮工程费用定额的调整，应按照新建造［2003］1

号、新建造［2003］3 号、新建造［2003］4 号文件规定的有关费用标准执行。

3. 关于费用定额中“工程定额测定费”的调整，按照原自治区建设厅、发展和改革委员会《关于调整自治区建筑安装、市政、园林、修缮等工程费用定额及工程量清单计价规费标准的通知》（新建造［2009］1 号）规定执行。

四、混凝土、砂浆配合比调整

市政、仿古建筑及园林、房屋修缮工程中的混凝土、砂浆配合比按照《关于发布〈二〇〇九年自治区建设工程定额混凝土砂浆配合比〉的通知》（新建造［2009］2 号）执行。新旧混凝土砂浆配合比之间的量差计入工程直接费，参与取费；价差不参与取费，只计税金。

五、2010 年新疆维吾尔自治区建筑消耗量定额勘误

1. 2010 年新疆维吾尔自治区建筑消耗量定额（实体项目）上册

定额编号	项目	误	正
9-55	毛面花岗岩	台阶	地面

六、各地、州、市工程造价管理站应按照本通知要求，切实做好本地区建设工程价格信息发布工作。

本通知由自治区工程造价管理总站负责解释。

二〇一二年五月二十二日

16.5 关于发布乌鲁木齐地区 2012 年 2 月份建设工程价格信息的通知

新建总造字［2012］7 号

伊犁哈萨克自治州建设局，各地、州、市建设局（建委），有关厅、局、委、办、行，兵团建设局，新疆军区司令部、后勤部，武警新疆总队，中央驻疆单位，自治区各设计、施工单位：

为做好乌鲁木齐地区建设工程人工、材料、机械台班价格信息发布工作（本建设工程是指：建筑、装饰装修、安装、市政、仿古建筑及园林、房屋修缮及抗震加固工程），根据乌鲁木齐地区建筑市场价格变化情况，我站编制了《乌鲁木齐地区 2012 年 2 月份建设工程价格信息》，现予以发布，作为建设工程计价的参考。并就有关事项通知如下：

一、根据目前建筑市场变化情况，在编制招标控制价时，人工费单价上限和机械费的调整按新建总造字【2011】08 号文中的相关规定执行；材料价格可参照本文“附件”中所列价格信息进行调整，未发布的材料价格信息，应参照市场供应价格与定额内供应价进行找差，价差部分只计税金。

二、建设工程定额计价价格信息

（一）定额内人工费单价的调整

1. 定额内政策性人工费单价调整：市政、仿古建筑及园林、房屋修缮工程定额内人

工费单价的调整按照原自治区建设厅、发展和改革委员会《关于调整乌鲁木齐地区建设工程定额人工费单价的通知》(新建造［2008］3号)规定执行。

2. 市场人工费单价的调整按乌鲁木齐市建设委员会发布的相关文件执行。

(二) 定额内材料价格的调整

1. 建筑、装饰装修、安装、抗震加固工程材料价格可参照本文“附件”中所列价格信息进行调整，未发布的材料价格信息，应参照市场供应价格与定额内供应价进行找差，价差部分只计税金。

2. 市政工程材料价格按照本文“附件”所列价格信息与定额内材料供应价找差，未列入“附件”的材料，可依据甲、乙双方认定的发票供应价与定额内供应价找差。价差不参与取费，只计税金。

3. 仿古建筑及园林、房屋修缮工程主材按照本文“附件”所列价格信息组成预算价与相应定额内材料预算价找差，未列入“附件”的材料，可依据甲、乙双方认定的发票供应价组成预算价与定额内预算价找差。价差不参与取费，只计税金。

4. 市政工程若使用商品混凝土，应按照《新疆市政工程商品混凝土消耗量定额2003年乌鲁木齐地区参考单价》(新建总造字［2003］65号)执行，并根据本文“附件”所列商品混凝土价格信息与《新疆市政工程商品混凝土消耗量定额2003年乌鲁木齐地区参考单价》定额内商品混凝土预算价找差。价差不参与取费，只计税金。

鉴于目前建筑市场材料价格变动幅度较大，若发包方与承包方共同认可，其价格可依据甲、乙双方认可的材料价格进行计算，并在合同中约定。

(三) 定额内机械费调整

1. 建筑、装饰装修、安装工程定额机械费的调整按新建总造字【2011】08号文的相关规定执行。

2. 仿古建筑及园林工程定额内机械费的调整，在1997年仿古建筑及园林工程预算定额基础上，以定额内机械费为计算基数上调18.28%，调整部分不参与取费，只计税金。

3. 房屋修缮工程定额内机械费的调整，在1999年房屋修缮工程预算定额基础上，以定额内机械费加中小型机械费为计算基数上调5.96%，调整部分不参与取费，只计税金。

三、费用定额的管理与调整

1. 建筑安装工程费用定额的管理按新建总造字【2011】08号文的相关规定执行。

2. 市政、仿古建筑及园林、房屋修缮工程费用定额的调整，应按照新建造［2003］1号、新建造［2003］3号、新建造［2003］4号文件规定的有关费用标准执行。

3. 关于费用定额中“工程定额测定费”的调整，按照原自治区建设厅、发展和改革委员会《关于调整自治区建筑安装、市政、园林、修缮等工程费用定额及工程量清单计价规费标准的通知》(新建造［2009］1号)规定执行。

四、混凝土、砂浆配合比调整

市政、仿古建筑及园林、房屋修缮工程中的混凝土、砂浆配合比按照原自治区建设厅《关于发布〈二〇〇九年自治区建设工程定额混凝土砂浆配合比〉的通知》(新建造［2009］2号)执行。新旧混凝土砂浆配合比之间的量差计入工程直接费，参与取费；价差不参与取费，只计税金。

五、2010年新疆维吾尔自治区建筑消耗量定额及估价表勘误

1. 2010年新疆维吾尔自治区建筑消耗量定额（实体项目）

2. 2010年乌鲁木齐地区单位估计表（实体项目）

定额编号	名　称	误	正
8-242			删除

六、各地、州、市工程造价管理站应按照本通知要求，切实做好本地区建设工程价格信息发布工作。

本通知由自治区工程造价管理总站负责解释。

二〇一二年三月二十一日

第17章 广 西 地 区

17.1 关于调整建设工程定额人工工资单价的通知

桂建标［2013］3号

各市住房和城乡建设委（局）、各有关单位：

为加强对我区建设工程定额人工工资单价和管理费费率的动态管理，缓解建设工程人工工资单价偏低的矛盾，合理确定和有效控制工程造价，根据《广西壮族自治区建设工程造价管理办法》（广西壮族自治区人民政府令第43号）和《〈建设工程工程量清单计价规范〉（GB 50500—2008）广西壮族自治区实施细则》的规定，结合我区建设工程市场实际情况，现对定额人工工资单价进行调整，具体规定如下：

一、定额人工工资单价调整

（一）2005年《广西壮族自治区建筑工程消耗量定额》、《广西壮族自治区装饰装修工程消耗量定额》、《广西壮族自治区建筑装饰装修工程节能消耗量定额》的定额人工工资单价调整为：

1. 建筑综合工日：一类工48元/工日、二类工57元/工日；
2. 装饰综合工日：一类工57元/工日、二类工66元/工日。

（二）2007年《广西壮族自治区市政工程消耗量定额》、2011年《广西壮族自治区市政设施养护维修工程消耗量及费用定额》的定额人工工资单价调整为：一类工48元/工日、二类工57元/工日、三类工66元/工日。

（三）2008年《广西壮族自治区安装工程消耗量定额》的定额人工工资单价调整为：一类工57元/工日、二类工66元/工日。

（四）2005年《广西壮族自治区园林绿化工程消耗量定额》定额人工工资单价调整为：一类工48元/工日、二类工57元/工日、三类工66元/工日。2010年《广西壮族自治区城市园林绿化养护消耗量定额及费用定额》的绿化综合工日定额人工工资单价调整为50元/工日。

二、计算规定

（一）调整后的人工工资单价，按照各专业费用定额的规定，计入基价作为取费基础。

（二）各专业管理费费率按桂建标〔2011〕21号文执行。

（三）其他规定及计价程序按各专业费用定额执行。

三、执行时间

本规定自2013年1月1日起执行。2013年1月1日以前已发出招标文件或已签订合同的工程，仍按原招标文件规定或合同约定执行。原招标文件规定或合同约定可调整或未明确是否可调整的工程，2013 年 1 月 1 日起完成的工程量，按本规定调整；原招标文件规定或合同约定不可调整的工程，合同双方本着协商一致的原则，宜参照本规定进行调整；2013 年 1 月 1 日前，已办妥结算的工程，不得调整。

本定额人工工资单价调整由我厅负责管理，各有关单位在执行过程中遇到问题时，请及时向我厅反馈，具体的业务解释由广西壮族自治区建设工程造价管理总站负责。

广西壮族自治区住房和城乡建设厅

2013 年 1 月 10 日

17.2　关于广西建筑工程有关定额勘误的通知

文件号：桂造价［2011］68 号

各市建设工程造价管理站、柳州市质安处、贵港市建管处，各有关单位：

经查，2005《广西壮族自治区建筑工程消耗量定额》、2005《广西壮族自治区装饰装修工程消耗量定额》、2009《广西壮族自治区建筑装饰装修工程节能消耗量定额》、2011《广西壮族自治区建筑工程拆除消耗量定额》和 2010《广西壮族自治区工程建设其他费用定额》部分内容有误，现予以勘误。

附件：1.《广西壮族自治区建筑工程消耗量定额》勘误表（三）

2.《广西壮族自治区装饰装修工程消耗量定额》勘误表（三）

3.《广西壮族自治区建筑装饰装修工程节能消耗量定额》勘误表（一）

4.《广西壮族自治区建筑工程拆除消耗量定额》勘误表（一）

5.《广西壮族自治区工程建设其他费用定额》勘误表（一）

广西建设工程造价管理总站

二〇一一年十二月三十日

附件 1

《广西壮族自治区建筑工程消耗量定额》勘误表（三）

序号	页码	位置	定额编号或部位	错　误	正　确
1	P9	说明	第 3 点第(2)条	……填上……	……填土……
2	P46	工作内容	01010213～01010215	1. 装碴、运碴、卸碴	1. 挖碴、装碴、运碴、卸碴
3	P105	工程量计算规则	第 1 点第(1)条	……钢管及单个面积 0.3m^3 以下的孔洞所占体积……	……钢管及单个面积 0.3m^2 以下的孔洞所占体积……
4	P105	工程量计算规则	第 1 点第(2)条	……扣除单个横截面面积超过 0.1m^3 孔洞的体积……	……扣除单个横截面面积超过 0.1m^2 孔洞的体积……
5	P106	工程量计算规则	第 4 点第(5)条	……扣除单个面积超过 0.3m^2 以下的孔洞所占的面积……	……不扣除单个面积超过 0.3m^2 以下的孔洞所占的面积……

续表

序号	页码	位置	定额编号或部位	错 误	正 确
6	P127	工作内容	01030118～01030121	调运砂浆、铺砂浆、运砖、砌砖	1. 调运砂浆、铺砂浆、运砖、砌砖。 2. 挖土、填土、运土、原土夯实、铺设垫层、水泥砂浆抹面。(01030118～01030121)
7	P138	工程量计算规则	第1点第(2)条第④条	……长边(h)与短边(a)之比……	……长边(h)与短边(b)之比……
8	P157		01040089	C0118205 无缝钢管 $\phi42$ 单位 t 单价 4255.92，参考基价 3889.11	C0118224 无缝钢管 $\phi42\times3.5$ 单位 m 单价 14.13，参考基价 2192.39
9	P157		01040090	C0118205 无缝钢管 $\phi42$ 单位 t 单价 4255.92，C0118206 无缝钢管 $\phi51$ 单位 t 单价 4255.92，参考基价 3900.92	C0118224 无缝钢管 $\phi42\times3.5$ 单位 m 单价 14.13，C0118225 无缝钢管 $\phi51\times3.5$ 单位 m 单价 17.45，参考基价 2077.41
10	P157		01040091	C0118205 无缝钢管 $\phi42$ 单位 t 单价 4255.92，C0118206 无缝钢管 $\phi51$ 单位 t 单价 4255.92，参考基价 4040.58	C0118224 无缝钢管 $\phi42\times3.5$ 单位 m 单价 14.13，C0118225 无缝钢管 $\phi51\times3.5$ 单位 m 单价 17.45，参考基价 2513.93
11	P157		01040092	C0118206 无缝钢管 $\phi51$ 单位 t 单价 4255.92，参考基价 4730.80	C0118225 无缝钢管 $\phi51\times3.5$ 单位 m 单价 17.45，参考基价 3459.26
12	P158		01040093	C0118206 无缝钢管 $\phi51$ 单位 t 单价 4255.92，参考基价 4567.93	C0118225 无缝钢管 $\phi51\times3.5$ 单位 m 单价 17.45，参考基价 3296.39
13	P158		01040094	C0118206 无缝钢管 $\phi51$ 单位 t 单价 4255.92，参考基价 4428.09	C0118225 无缝钢管 $\phi51\times3.5$ 单位 m 单价 17.45，参考基价 3156.55
14	P158		01040095	C0118206 无缝钢管 $\phi51$ 单位 t 单价 4255.92，参考基价 4267.90	C0118225 无缝钢管 $\phi51\times3.5$ 单位 m 单价 17.45，参考基价 2996.36
15	P217	工程量计算规则	第5点	……天空挑檐……	……天窗挑檐……
16	P235	说明	第3点第(2)条金属结构构建分类表类型2	……型钢檩条、支撑……	……型钢檩条、钢支撑……

续表

序号	页码	位置	定额编号或部位	错误	正确
17	P295	工作内容	01070076～01070079	1. 清理基层、刷基层处理剂、找平层分隔缝嵌油膏……	1. 清理基层、找平层分隔缝嵌油膏……
18	P298	工作内容	01070091～01070092	熬制油膏、灌缝油膏、缝上铺贴玻璃纤维布、涂刷聚氨酯底胶、刷聚氨酯防水层二遍、并撒石碴保护层(或与刚性块料层做连接层)	熬制油膏、灌缝油膏、缝上铺贴玻璃纤维布
19	P298	附注	01070091～01070092	附注：聚氨酯如果掺缓凝剂，应增加磷酸 0.30kg；如果掺促凝剂应增加二月桂酸二丁基锡 0.75kg	删除
20	P298	工作内容	刷聚氨酯涂层	刷聚氨酯涂层	刷聚氨酯涂层。涂刷聚氨酯底胶、刷聚氨酯防水层二遍、并撒石碴保护层(或与刚性块料层做连接层)
21	P298	附注	01070093～01070094	附注：聚氨酯如果掺缓凝剂，应增加磷酸 0.12kg；如果掺促凝剂应增加二月桂酸二丁基锡 0.1kg	附注：1. 聚氨酯如果掺缓凝剂，应增加磷酸 0.30kg；如果掺促凝剂应增加二月桂酸二丁基锡 0.25kg。(01070093) 2. 聚氨酯如果掺缓凝剂，应增加磷酸 0.12kg；如果掺促凝剂应增加二月桂酸二丁基锡 0.1kg。(01070094)
22	P307	工作内容	01070140～01070141	1. 涂刷基层处理剂，防水薄弱处刷聚氨酯涂膜	1. 防水薄弱处刷聚氨酯涂膜
23	P376	单位	01090025～01090026	100m^2	座
24	P400	说明	第 16 点	……当坡度在坡度在……	……当坡度在……

附件 2

《广西壮族自治区装饰装修工程消耗量定额》勘误表(三)

序号	页码	位置	定额编号或部位	错误	正确
1	P67	说明	第 17 点第(5)条	……建设……	……建筑……
2	P184	说明	第 3 点	……方材……	……枋材……
3	P194	工作内容	02040029	2. 制作安装纱门扇、纱亮子，钉塑料纱(02040029)	2. 制作安装纱门扇、纱亮子，钉门纱(02040029)
4	P209	单位：	02040089～02040091	10m^2	个

附件 3

《广西壮族自治区建筑装饰装修工程节能消耗量定额》勘误表(一)

序号	页码	位置	定额编号或部位	错　误	正　确
1	P6	参考基价	01030150	2382.77	2266.92
2	P39		01080278	C1876303，单位 kg，单价 1.91，数量 1520.820，参考基价 6497.29	C1876303，单位 m^3，单价 950，数量 3.060，参考基价 6499.54
3	P39		01080279	C1876303，单位 kg，单价 1.91，数量 253.470，参考基价 522.90	C1876303，单位 m^3，单价 950，数量 0.510，参考基价 523.27
4	P43		01080291	C1530620，数量 0.310，参考基价 3038.50	C1530620，数量 310.000，参考基价 3456.58
5	P43		01080292	C1530620，数量 0.310，参考基价 4133.98	C1530620，数量 310.000，参考基价 4552.06
6	P43		01080293	C1530620，数量 0.310，参考基价 4768.50	C1530620，数量 310.000，参考基价 5186.58
7	P43		01080294	C1530620，数量 0.310，参考基价 5863.98	C1530620，数量 310.000，参考基价 6282.06
8	P44		01080295	C1530620，数量 0.310，参考基价 2762.31	C1530620，数量 310.000，参考基价 3180.39
9	P44		01080296	C1530620，数量 0.310，参考基价 3857.79	C1530620，数量 310.000，参考基价 4275.87
10	P44		01080297	C1530620，数量 0.310，参考基价 3790.50	C1530620，数量 310.000，参考基价 4208.58
11	P44		01080298	C1530620，数量 0.310，参考基价 4885.98	C1530620，数量 310.000，参考基价 5304.06
12	P48		01080307	C1876303，单位 kg，单价 1.91，数量 1565.550，参考基价 6361.98	C1876303，单位 m^3，单价 950，数量 3.150，参考基价 6364.30
13	P48		01080308	C1876303，单位 kg，单价 1.91，数量 1565.550，参考基价 7854.83	C1876303，单位 m^3，单价 950，数量 3.150，参考基价 7857.15
14	P48		01080309	C1876303，单位 kg，单价 1.91，数量 260.925，参考基价 568.72	C1876303，单位 m^3，单价 950，数量 0.525，参考基价 569.11

附件 4

《广西壮族自治区建筑工程拆除消耗量定额》勘误表(一)

序号	页码	位置	定额编号或部位	错 误	正 确
1	P17	定额编号		01070034	07010034
2	P42	定额编号		07070198	07010189
3	P98	表 5.4.4 计算基数		分部分项工程量清单计价合计+……+规费(或分部分项工程费合计+……+规费)	分部分项工程量清单计价合计+……+规费+税前项目清单计价合计(或分部分项工程费合计+……+规费+税前项目费合计)

附件 5

《广西壮族自治区工程建设其他费用定额》勘误表 (一)

序号	页 码	位 置	错 误	正 确
1	编制署名页	倒数第 8 行	广西壮族自治区工程咨询公司	广西壮族自治区工程咨询中心
2	正文 (下同) P3	框图[其他费用]中的费用项目	防空地下易地建设费	防空地下室易地建设费
3	P3	倒数第 2 行	初期正常生产 (使用) 必需的生产办公、生活家具用具购置费	办公和生活家具购置费
4	P3	倒数第 1 行	不够固定资产标准的生产工具、器具购置费	工器具及生产家具购置费
5	P5	序号 3 "施工图设计文件审查费"的"费用项目定义"	……对施工图进行审查所需费用。包括:对施工图进行结构安全和强制性、规范执行情况进行独立审查	……对建筑工程施工图设计文件进行审查 (包括:对房屋建筑和市政工程施工图的结构安全、公众利益和国家现行强制性规范执行情况等) 进行审查所需费用
6	P5	序号 4 "招标代理服务费"的"备注"	4. ……如实际发生在工程造价咨询费中计算	4. ……如实际发生,在工程造价咨询费中计算
7	P14	倒数第 10 行	……建筑设计防火规范……	……建筑设计防火规范……
8	P19	倒数第 7 行	生产准备费	人员培训费
9	P20	第 8 行至第 10 行	(二) 一般自然灾害造成的损失和预防自然灾害所采取的措施费用。 (三) 竣工验收时为鉴定工程质量对隐蔽工程进行必要的挖掘和修复费用。实行工程保险的工程项目,一旦发生自然灾害应由保险公司按保险金额或赔偿限额负责赔偿	(二) 一般自然灾害造成的损失和预防自然灾害所采取的措施费用。实行工程保险的工程项目,一旦发生自然灾害,应由保险公司按保险金额或赔偿限额负责赔偿。 (三) 竣工验收时为鉴定工程质量对隐蔽工程进行必要的挖掘和修复费用

第18章 浙 江 地 区

18.1 关于印发《浙江省市政工程预算补充定额（杭州市地铁工程预算定额）（2010版）》的通知

浙建站计〔2013〕1号

各有关单位：

浙江省2010版计价依据实施后，原《浙江省市政工程预算补充定额（杭州市地铁工程预算定额）（2006版）》需要同步修改调整。为适应杭州市城市地铁工程建设的需要，杭州市建设工程造价和投资管理办公室对《浙江省市政工程预算补充定额（杭州市地铁工程预算定额）（2006版）》进行了修订，编制完成《浙江省市政工程预算补充定额（杭州市地铁工程预算定额）（2010版）》。

《浙江省市政工程预算补充定额（杭州市地铁工程预算定额）（2010版）》业经专家审定，根据《浙江省建设工程造价管理办法》（296号令）的规定，现予印发，自印发之日起在杭州施行，其他市可参照施行。原《浙江省市政工程预算补充定额（杭州市地铁工程预算定额）（2006版）》同时停止使用。

施行中如遇问题，请及时向省造价管理总站或杭州市建设工程造价和投资管理办公室反映，以便进一步完善。国家或我省地铁定额颁布后，则按相应定额执行。

浙江省建设工程造价管理总站

二〇一三年一月五日

18.2 关于印发《浙江省建筑工程加固预算定额》的通知

浙建站计〔2012〕59号

各市建设工程造价管理站（处、办），义乌市造价站：

为满足我省加固工程计价的需要，合理确定工程造价，规范加固工程计价行为，根据《浙江省建设工程造价管理办法》有关要求，我们组织有关专业人员编制完成了《浙江省建筑工程加固预算定额》（以下简称本定额），经审定准予颁发，现将有关事项通知如下：

一、本定额是《浙江省建筑工程预算定额》（2010版）的补充定额，与其配套使用。

二、本定额附录中的加固工程清单项目是对我省《建设工程工程量清单计价规范》（GB 50500—2008）的补充，与其配套使用。

三、本定额适用于本省行政区域内的工业与民用房屋建筑、构筑物的加固工程。

四、本定额自二○一三年一月一日起实施，之前已办理竣工结算的工程不再调整。

浙江省建设工程造价管理总站

二○一二年十一月十二日

18.3 浙江省人民政府关于调整全省最低工资标准的通知

浙政发〔2012〕101号

各市、县（市、区）人民政府，省政府直属各单位：

为保障劳动者基本生活和合法权益，根据《中华人民共和国劳动法》规定，结合我省实际，省政府决定：从2013年1月1日起，将我省最低月工资标准调整为1470元、1310元、1200元、1080元四档，非全日制工作的最低小时工资标准调整为12元、10.7元、9.7元、8.7元四档。

请各市根据所辖县（市、区）经济社会发展水平、居民生活水平和用人单位承受能力等实际情况，选择确定当地最低工资标准予以公布，并报省人力社保厅备案。

浙江省人民政府

2012年12月18日

18.4 关于印发《浙江省国有投资建设工程招标控制价、中标价、竣工结算价信息报送和公开管理办法》的通知

浙建建〔2012〕93号

各市住房城乡建设系统行业行政主管部门、发改委、财政局：

为规范国有投资建设工程计价行为，推进政务信息公开工作，根据《浙江省建设工程造价管理办法》（省政府令296号）规定，省建设厅、省发改委、省财政厅联合制定了《浙江省国有投资建设工程招标控制价、中标价、竣工结算价信息报送和公开管理办法》，现予以印发，请认真遵照执行。

浙江省住房和城乡建设厅

浙江省发展和改革委员会

浙江省省财政厅

2012年11月9日

附件：

浙江省国有投资建设工程招标控制价、中标价、竣工结算价信息报送和公开管理办法

第一条 为加强国有投资建设工程造价管理，规范建设工程造价行为，促进建筑市场

健康发展，根据《浙江省建设工程造价管理办法》（省政府令第 296 号）和《建设工程工程量清单计价规范》的有关规定，制定本办法。

第二条 本省行政区域内实行招投标的国有投资房屋建筑工程和市政基础设施工程招标控制价、中标价、竣工结算价（以下简称“三价”）实行信息报送和公开制度。依法保密的建设工程除外。

第三条 省建设行政主管部门负责全省国有投资建设工程“三价”信息的报送和公开管理工作，具体管理工作委托省建设工程造价管理机构实施。

县级以上建设行政主管部门负责本行政区域内国有投资建设工程“三价”信息的报送和公开管理工作，具体工作可委托其所属的建设工程造价管理机构或其他机构（以下统称“管理机构”）实施。

各级发展和改革、财政等部门依照各自职责做好相关管理工作。

第四条 本办法所称的招标控制价，是指由招标人根据国家或省级、行业建设主管部门颁发的有关计价依据和办法，按设计施工图纸计算的，对招标工程限定的最高工程造价。

本办法所称的中标价，是指建设工程在招投标活动中经过评标办法综合评审后，确定的中标单位投标报价。

本办法所称的竣工结算价，是指发承包双方依据国家有关法律、法规和标准规定，按照合同约定确定的最终工程造价。

第五条 招标人或受其委托的招标代理机构（工程造价咨询企业）应在招标文件备案时，将招标控制价等相关资料报送至工程所在地管理机构。报送招标控制价信息应包括《浙江省国有投资建设工程招标控制价信息报送表》（详见附表 1）、本工程的设计概算批准文件复印件等相关资料。

因招标答疑及修改招标文件、建设工程施工图设计文件等引起招标控制价发生变化的，应当相应调整招标控制价，同时将调整后的招标控制价及相关资料报送原管理机构。

第六条 招标人在施工合同备案时，应将建设工程中标价等相关资料报送至工程所在地管理机构。报送中标价信息应包括经招投标监管机构备案的中标通知书复印件（查验原件）和其他相关资料。

第七条 建设单位应当在和施工企业签署工程价款结算书之日起 30 日内向工程所在地管理机构报送结算信息；法律、法规、规章规定工程价款结算需要由财政部门批准或者认定的，建设单位应当在批准或者认定之日起 30 日内报送结算信息。报送工程竣工结算价信息应包括《浙江省国有投资建设工程竣工结算价信息报送表》（详见附表 2）、建设工程竣工结算价核准文件（表）复印件（查验原件）和其他相关资料。

第八条 管理机构在“三价”信息分别受理之日起 20 个工作日内，以工程项目为单位在本单位的门户网站或者其他媒体上将“三价”予以公布。

第九条 “三价”信息公开应包括工程名称、建设地点、建设规模、批准的设计概算、招标控制价、中标价（合同价）、竣工结算价，建设各方主体名称及相关编审人员姓名，以及建设单位根据工程实际情况提供的说明材料等内容。

第十条 各级建设行政主管部门应做好“三价”信息统计、整理、分析。加强内部协调和资源共享，将“三价”信息的收集管理与其他工作有效整合，最大限度地为建设单位在信息报送时提供便利，提高工作效率。

第十一条 各级建设、发展和改革、财政部门要加强国有投资建设工程“三价”信息公开后的监督管理，接受社会监督，受理相关投诉举报。

各级建设、发展和改革、财政部门发现国有投资建设工程超过国家、省规定的投资额度及标准，擅自增加建设内容，扩大建设规模，低价中标、高价结算，不按照建设工程施工合同约定支付工程款以及其他违法违规行为的，应依照各自职责依法作出处理。

第十二条 建设单位未按照规定办理“三价”信息报送的，由工程所在地县级以上建设行政主管部门依照《浙江省建设工程造价管理办法》第三十五条的规定作出处理。

第十三条 省建设行政主管部门负责“三价”信息报送和公开工作开展情况的监督检查，根据需要可采取地区抽查、全面检查、跟踪检查等方式。

第十四条 本办法自2013年1月1日起施行。

18.5 浙江省建设工程造价管理办法

浙江省人民政府令第296号

浙江省人民政府令

第296号

《浙江省建设工程造价管理办法》已经省人民政府第89次常务会议审议通过，现予公布，自2012年10月1日起施行。

二〇一二年四月二日

浙江省建设工程造价管理办法

第一章 总 则

第一条 为了科学、合理确定建设工程造价，规范建设工程造价行为，促进建设市场健康发展，根据《中华人民共和国建筑法》等有关法律、法规规定，结合本省实际，制定本办法。

第二条 本省行政区域内建设工程造价活动以及建设工程指导性计价依据的制定、修订和发布，适用本办法。

交通、水利、电力等专业建设工程造价活动以及指导性计价依据的制定、修订和发布，依照国家有关规定执行；国家没有规定的，参照本办法执行。

第三条 县级以上人民政府应当建立健全建设工程造价管理制度，完善监督管理机制，保障相关经费投入，督促有关部门和机构依法做好建设工程造价管理工作。

第四条 县级以上人民政府建设行政主管部门或者人民政府确定的其他部门（以下统称建设工程造价行政主管部门）负责本行政区域内建设工程造价管理工作。建设工程造价行政主管部门所属的建设工程造价管理机构负责造价管理的具体事务工作。

交通、水利、电力等专业建设工程的造价行政主管部门（以下简称专业建设工程造价主管部门）依照国家和本办法规定职责，负责专业建设工程造价活动的有关管理工作。

发展和改革、财政、监察、审计、工商、国有资产监督管理等有关部门（机关）和机构依照各自职责，负责建设工程造价的相关管理或者监督工作。

第五条 建设工程造价活动应当遵循合法、客观、公正、独立和诚实信用的原则，维护社会公共利益。

第六条 建设工程造价行业协会应当加强行业自律，发挥行业指导、服务和协调作用。

第二章 指导性计价依据

第七条 建设工程造价行政主管部门应当建立指导性计价依据动态管理机制和市场调研机制，适时调整指导性计价依据和相关管理措施，科学引导建设工程造价活动。

第八条 编制或者修订建设工程指导性计价依据，应当采取论证会、座谈会或者其他方式，征求并充分听取工程建设各方以及有关专家的意见。

编制或者修订建设工程指导性计价依据，应当与经济社会发展和工程技术发展水平相适应，反映建筑业的技术和管理水平，促进工程建设领域科学技术成果的推广和应用，符合国家有关标准要求。

第九条 工程定额由省建设工程造价管理机构负责编制与修订，报省建设工程造价行政主管部门会同同级发展和改革、财政行政主管部门审定后颁布。

工程定额由省建设工程造价管理机构负责解释；必要时，提请颁布部门予以解释。

第十条 为处理建设工程实施过程中遇到的特殊情况，需要对工程定额予以补充的，由省建设工程造价管理机构组织编制、发布补充定额，并报有关审定部门备案。

第十一条 因建设工程设计、施工的特殊性，已编制的工程定额缺少对应内容的，施工企业可以与建设单位协商编制一次性补充定额。一次性补充定额仅适用于本建设工程。

国有投资建设工程的一次性补充定额，建设单位应当报送建设工程所在地设区的市建设工程造价管理机构备案；涉及政府投资项目设计变更以及相应的工程合同价调整的，应当按照《浙江省政府投资预算管理办法》的有关规定办理审批或者备案手续。

第十二条 建设工程造价行政主管部门应当建立建设工程造价基础数据库，定期采集、测算、发布建设工程价格要素市场信息价和指数、指标等相关信息。

第十三条 鼓励开发和应用建设工程造价软件和辅助管理系统。

软件开发单位开发和销售的建设工程造价软件应当符合国家和本省有关规定。

第三章 工 程 造 价

第十四条 建设工程造价遵循投资估算控制设计概算、设计概算控制施工图预算、施工图预算控制工程结算的原则，实施全过程管理。

建设工程投资估算、设计概算和施工图预算的编制，按照国家和省有关规定执行。

第十五条 建设单位与施工企业应当按照指导性计价依据和国家、省有关规定，在建设工程施工合同中约定建设工程造价。实行招标投标的建设工程，其造价的约定应当遵守招标投标法律、法规和规章的规定。

省工商行政管理部门可以会同有关部门制订建设工程施工合同示范文本。

第十六条 国有投资建设工程应当采用工程量清单计价。工程量清单应当根据施工图编制，不得作假。

非国有投资建设工程提倡采用工程量清单计价。

第十七条 建设工程实行招标的，建设单位应当按照规定将建设工程施工合同报建设工程造价行政主管部门备案。经备案的建设工程施工合同，应当作为建设工程结算的依据。

建设单位在建设工程施工合同报送备案的同时，应当一并将有关建设工程中标价的材料报送建设工程造价行政主管部门。

国有投资建设工程实行招标的，建设单位应当组织编制招标控制价，并将有关材料报送建设工程造价行政主管部门。招标控制价是建设工程招标中限定的最高工程造价。

第十八条 建设工程安全防护和文明施工措施费用的计提、支付及使用管理，按照国家有关规定执行。有关监督管理部门应当加强监督。

第十九条 工程价款结算，按照建设工程施工合同约定和相关法律、法规、规章的规定办理。

能够实行分段即时结算的建设工程，建设单位应当按照工程进度实行分段即时结算。

建设单位应当在收到工程结算文件后的约定期限内进行审核，并予以答复。对工程结算答复期限没有约定或者约定不明确的，具体期限按 28 个工作日确定；建设单位和施工企业双方也可以另行约定期限，但最长不得超过 6 个月。

第二十条 建设单位应当在和施工企业签署工程价款结算书之日起 30 日内向建设工程造价行政主管部门报送结算信息。

法律、法规、规章规定工程价款结算需要由财政部门批准或者认定的，建设单位应当在批准或者认定之日起 30 日内报送结算信息。

第二十一条 建设单位违反建设工程施工合同约定，拒绝、逃避或者拖延支付到期工程价款的，施工企业可以暂停施工，并可以依据建设单位授权代表确认的工程量或者工程价款依法向人民法院申请支付令，要求建设单位支付工程价款。

第二十二条 建设单位和施工企业对建设工程结算价款有争议的，可以向建设工程造价行政主管部门或者建设工程造价管理机构申请调解；不愿协商、调解，或者协商、调解不成的，可以依法申请仲裁或者提起诉讼。

第四章 工程造价咨询企业和执（从）业人员管理

第二十三条 工程造价咨询企业应当依法取得国家规定的资质，并在其资质等级许可的范围内从事咨询活动。未依法取得国家规定的资质或者超越资质等级许可的范围从事咨询活动的，其出具的工程造价咨询成果文件无效。

工程造价咨询企业依法从事工程造价咨询活动，不受行政区域、行业等限制。

任何单位和个人不得限制或者指定工程造价咨询企业从事本系统、本行业的工程造价咨询活动。

第二十四条 工程造价咨询企业应当与委托单位签订所承接业务的书面合同，并按照合同约定和标准规范、操作规程、执业准则的要求，客观、公正地提供服务，对出具的工程造价咨询成果文件质量负责。

工程造价咨询企业出具的工程造价咨询成果文件应当加盖企业执业印章，具体承担咨询业务的注册造价工程师、造价员应当签字并加盖执（从）业印章。

第二十五条 工程造价咨询企业不得有下列行为：

（一）涂改、倒卖、出租、出借资质证书或者以其他形式非法转让资质证书；

（二）超越资质等级承接造价咨询业务；

（三）同时接受招标人和投标人或者两个以上投标人对同一建设工程的造价咨询业务；

（四）使用本企业以外人员的执（从）业印章或者专用章；

（五）转让其所承接的造价咨询业务；

（六）故意抬高或者压低工程造价；

（七）伪造造价数据或者出具虚假造价咨询成果文件；

（八）泄露在咨询服务活动中获取的商业秘密和技术秘密；

（九）以给予回扣、贿赂等方式进行不正当竞争；

（十）法律、法规和规章禁止的其他行为。

第二十六条 工程造价执（从）业人员应当依法取得造价工程师注册证书或者全国建设工程造价员资格证书，按照国家和省有关规定开展执（从）业活动。

第二十七条 工程造价执（从）业人员不得有下列行为：

（一）签署有虚假记载或者误导性陈述的造价成果文件；

（二）在非实际执（从）业单位注册；

（三）以个人名义承接造价业务，允许他人以自己的名义从事造价业务，或者冒用他人的名义签署造价成果文件；

（四）同时在两个或者两个以上单位执（从）业；

（五）涂改、倒卖、出租、出借或者以其他形式非法转让注册证书、执（从）业印章、专用章；

（六）泄露在执（从）业中获取的商业秘密和技术秘密；

（七）法律、法规和规章禁止的其他行为。

第二十八条 工程造价咨询企业应当建立健全质量控制、操作流程、档案管理等管理制度，加强执（从）业人员的业务培训、法制和职业道德教育。

第五章 监 督 检 查

第二十九条 建设工程造价行政主管部门和有关监督管理部门应当建立信息共享平台，加强信息交流，完善协同监管机制。发现违法行为的，应当依法作出处理。有关单位和个人应当予以配合。

监督检查中获悉的商业秘密和技术秘密，应当予以保密。

第三十条 建设工程造价行政主管部门应当建立工程造价咨询企业、执（从）业人员的信用档案，并按照国家有关规定予以公布。

第三十一条 建设工程造价行政主管部门应当将本行政区域内建设工程的招标控制价、中标价、结算价等信息在本单位的门户网站或者其他媒体上公布，接受社会监督。依法应当保密的建设工程除外。

第三十二条 国有投资建设工程超过国家、省规定的投资额度及标准，擅自增加建设内容，扩大建设规模，低价中标、高价结算，以及不按照建设工程施工合同约定支付工程款的，发展和改革、监察、财政、审计和建设工程造价等有关监督管理部门应当调查核实，并依据各自职责，依法作出处理。

第六章 法 律 责 任

第三十三条 违反本办法规定的行为，法律、法规已有法律责任规定的，从其规定。

第三十四条 违反本办法第十六条第一款规定，国有投资建设工程未采用工程量清单计价的，由建设工程造价行政主管部门责令限期改正，处1万元以上5万元以下的罚款。

第三十五条 违反本办法第十七条规定，建设单位有下列情形之一的，由建设工程造价行政主管部门责令限期改正；逾期不改正的，处1万元以上3万元以下的罚款：

（一）建设工程施工合同未按规定报送建设工程造价行政主管部门备案的；

（二）建设工程中标价的材料未按规定报送建设工程造价行政主管部门的；

（三）招标控制价的材料未按规定报送建设工程造价行政主管部门的。

第三十六条 违反本办法第二十条规定，建设单位不按照规定报送工程结算价款信息的，由建设工程造价行政主管部门责令限期改正；逾期不改正的，处1万元以上5万元以下的罚款。

第三十七条 工程造价咨询企业违反本办法第二十五条第（一）项至第（七）项规定的，由建设工程造价行政主管部门给予警告，没有违法所得的，处1000元以上1万元以下的罚款；有违法所得的，处违法所得3倍以上但不超过5万元的罚款。

工程造价咨询企业违反本办法第二十五条第（八）、（九）项规定的，由工商行政管理部门依照有关规定处理。

第三十八条 建设工程造价执（从）业人员违反本办法第二十七条第（一）项至第（五）项规定的，由建设工程造价行政主管部门给予警告，责令限期改正，没有违法所得的，处1000元以上1万元以下的罚款；有违法所得的，处违法所得3倍以上但不超过3万元的罚款。

建设工程造价执（从）业人员违反本办法第二十七条第（六）项规定的，由工商行政管理部门依照有关规定处理。

第三十九条 建设工程造价行政主管部门、有关监督管理部门和建设工程造价管理机构及其工作人员违反本办法规定，不履行或者不正确履行监督管理职责，造成严重后果的，对直接负责的主管人员和其他直接责任人员，按照管理权限依法依纪追究责任。

第七章 附 则

第四十条 对违反本办法规定的行为，建设工程造价行政主管部门、专业建设工程造价主管部门可以依法委托建设工程造价管理机构实施行政处罚。

第四十一条 本办法所称建设工程造价，是指建设工程项目从筹建到竣工验收、交付使用期间，因工程建设活动而发生的全部费用。

本办法所称指导性计价依据，是指建设工程各方在建设工程造价活动中所采用的工程定额、补充定额、价格信息等。

本办法所称国有投资建设工程，是指全部使用国有资金（包括国家融资资金）投资，以及国有资金投资占投资总额50%以上，或者虽不足50%但国有投资者实际拥有控股权的建设工程。

第四十二条 本办法自2012年10月1日起施行。2004年4月22日省人民政府发布的《浙江省建设工程造价计价管理办法》同时废止。

18.6 关于发布2012年第一季度金华市建设工程人工市场信息价的通知

金市建价（2012）6号

各县（市、区）建设（管）局，金华、金东、金西开发区建设局，各有关单位：

为进一步规范建设工程造价计价行为，客观反映建设市场人工价格水平，合理确定工程造价，根据《浙江省建设工程造价计价管理办法》（省人民政府令第173号），《关于进一步规范人工市场信息价发布管理的通知》（建建发［2011］124号），《金华市建设工程人工市场信息价发布办法》（金市建［2012］13号）的有关精神，经深入调研和测算，现将有关第一季度金华市建设工程人工市场信息价印发给你们，请贯彻执行。

2012年第一季度金华市建设工程人工市场信息价

工程类型	人工类别	信息价（元/工日）
房屋建筑工程	一类人工	56
	二类人工	66
	三类人工	73

注：1. 本人工市场信息价格只适用于按（2010版）计价依据编制或审核的结算工程。2011年1月1日以前开工的在建工程或者是已完成招投标的新建工程，并且是采用（2003版）计价依据结算的，其人工市场信息价参照上述执行。

2. 建设工程人工市场信息价是八小时工作制测算。

3. 市政基础设施工程在未单独发布人工市场信息价之前，工程承发包双方可协商参照执行。

金华市建设工程造价管理站

二〇一二年三月二十日

18.7 杭州市建设工程造价和投资管理办公室发布《关于发布2012年2季度杭州市建设工程人工信息价的通知》

杭建造价投资办［2012］21号

各有关单位：

为进一步完善建设工程要素价格的动态管理制度，规范建设工程造价的计价行为，正确引导建设各方主体合理确定建设工程人工费，维护建筑市场秩序，保障建设各方的合法权益，根据省住建厅《关于进一步规范人工市场信息价发布管理的通知》（建建发［2011］124 号）、《关于杭州市建设工程人工信息价发布和使用规定的通知》（杭建造价投资办［2012］3 号）文件精神，现将 2012 年 2 季度杭州市建设工程人工信息价予以发布，请贯彻执行。

2012 年 2 季度杭州市建设工程人工信息价

人工类别	单 位	信息价（元/工日）	备注
一类人工	工日	55	适用于 2012 年 4、5、6 月
二类人工	工日	60	
三类人工	工日	70	

杭州市建设工程造价和投资管理办公室

二〇一二年三月三十日

18.8 关于杭州市建设工程土(石)方运输价格调整的指导意见

杭建市〔2012〕24 号

各有关单位：

自开展工程运输车辆整治以来，土(石)方运输市场价格上涨较快，给工程建设造成较大影响。为深化市区工程运输车整治，同时妥善解决建设工程土(石)方运输价格上涨的问题，现根据杭州市人民政府办公厅《关于地铁工程土方运输有关问题的备忘录》的精神，结合土(石)方运输费用市场价格调查实际，对土(石)方运输价格调整，提出以下指导意见：

一、2011 年 8 月 13 日前开标工程，其施工合同和招标文件中对土(石)方场外运输价格调整有明确约定的，从其约定；未明确约定的，可在甲乙双方协商一致的前提下，签订补充协议或合同，具体按以下方式调整：

1. 2011 年 7 月 15 日前已完成的土(石)方场外运输工程量，其单价按原合同或原投标单价执行。

2. 2011 年 7 月 15 日后完成的土(石)方场外运输工程量，其单价在原报价的基础上再根据土(石)方实际运距按下表予以补贴。土(石)方场外运输工程量、实际弃土地点以及实际运距由甲方负责详细核实签证。财政性投资项目每立方单价补贴不得超过 55 元。

1公里内	每增1公里
6.5元/立方米	1.6元/立方米

3. 如土（石）方运输市场价格出现较大幅度下降，补贴方法根据市场情况另行调整。

二、2011 年 8 月 13 日后开标工程，仍按原合同或原投标单价执行。

三、为解决新招标建设工程计价问题，由市建设工程造价管理部门，根据政府的有关政策及市场情况测算、发布杭州市区土（石）方车辆运输机械降效系数，该系数用于杭州市区建设工程概算、预算以及招标控制价的编制、工程合同价款的约定和结算。

四、本指导意见适用于杭州市上城区、下城区、江干区、拱墅区、西湖区及杭州高新开发区（滨江）、杭州经济开发区、杭州之江度假区、西湖风景名胜区范围内的国有资金投资建设工程，其他资金来源的建设工程可参照执行。萧山区、余杭区及其他县（市）可根据当地实际，参照本指导意见制定相应的实施细则。

杭州市建设委员会办公室

二〇一二年二月十四日

18.9 浙江省园林工程预算定额（2010版）勘误表

页码	部位内容	错　误	正　确
上册			
101	最后一行	取消“水泵网如用不锈钢……价格换算。”	
133	说明第6点最后	……套用挖土方定额	……套用建筑工程相应定额
162	4-108子目	预应力钢筋混凝土管桩规格“ϕ400”改为“ϕ500”，相应管桩单价、材料费、基价分别改为“126.50、12890.04、14192”	
197	工作内容	取消“二遍剁斧，”	
198	倒数第七行	取消“混凝土垫层套用无筋混凝土基础定额。”	
245	下面一个表格表头	斗口规格旁边增加“（cm）”	
273	7-118、7-119表头	m	mm
下册			
4	8-1子目：杉原木消耗量；基价、材料费	14.176；34460、17806.47	14.189；34476、17822.72
48	8-196子目	杉板枋材改为“硬木枋材”，相应硬木枋材单价、材料费、基价分别改为“3600、144、942”	
48	8-197子目	杉板枋材改为“硬木枋材”，相应硬木枋材单价、材料费、基价分别改为“3600、828、2162”	
39	8-155～8-157子目：项目名称	九踩单翘单昂斗栱	九踩平座斗栱
236	11-127子目	消耗量中的负数改为括号内数，材料费、基价改为“29.61、46”	
236	11-128子目	消耗量中的负数改为括号内数，材料费、基价改为“49.45、103”	

18.10 关于杭州市建设工程人工信息价发布和使用规定的通知

杭建造价投资办［2012］3号

各有关单位：

近期，因市场人工价格上涨较快，与2010版计价依据内的定额人工基价相比差异较大，为维护建设工程发、承包双方合法权益，引导各方合理确定工程造价，根据浙江省住房和城乡建设厅建建发【2011】124 号《关于进一步规范人工市场信息价发布管理的通知》精神。经研究，决定自 2012 年 1 月起发布杭州市建设工程人工信息价，现就有关事项规定如下：

一、人工信息价适用于本市范围内使用浙江省 2010 版计价依据、浙江省市政工程补充定额《杭州市交通设施工程预算定额》确定工程造价的各类房屋建筑和市政基础设施工程，人工信息价与定额单价的价差仅计取税金。

二、杭州市建设工程人工信息价按季发布，季度内各月通用。

三、实行工程量清单计价的工程，如遇清单项目漏项或新增清单项目，合同中约定采用本省 2010 版计价依据或市政工程补充定额《杭州市交通设施工程预算定额》确定工程造价的，其人工应按投标文件编制期的人工信息价组价。编制期人工信息价是指工程造价管理部门在投标截止日所在月份发布的当期信息价。

四、进入各级公共资源交易中心公开交易的国有资金投资房屋建筑和市政基础设施建设项目，合同约定工程结算实行市场要素价格动态管理的，工程结算时风险范围以外的人工费价差仍采用人工价格指数形式补差，其调整方式和价差计算方法按杭建市【2011】198 号《关于进一步加强杭州市建设工程市场要素价格动态管理的指导意见》的规定执行。人工价格指数与人工信息价同期发布。

五、本通知自发文之日起执行。发文前已开标的工程项目，招标控制价不再调整。

杭州市建设工程造价和投资管理办公室

二〇一一年十二月二十八日

第19章 广 东 地 区

19.1 关于广东省房屋建筑和市政修缮工程工程量清单计价的通知

粤建造发〔2012〕5号

各市建设工程造价管理站，顺德区建设市场管理站，各有关单位：

2012《广东省房屋建筑和市政修缮工程综合定额》（下称《修缮定额》）已于2012年10月1日由省住建厅颁发施行。现就我省行政区域内房屋建筑和市政修缮工程工程量清单计价的有关事项通知如下。

一、修缮工程的工程量清单计价应遵循客观、公正、公平的原则，符合《建设工程工程量清单计价规范》（GB 50500—2008）、2010年《广东省建设工程计价通则》有关工程量清单计价的规定。

二、依据国家标准《建设工程工程量清单计价规范》（GB 50500—2008）和《修缮定额》，修缮工程的工程量清单由分部分项工程项目、措施项目、其他项目、规费项目和税金项目组成。

三、修缮工程工程量清单的编制应符合以下规定：

1. 以《修缮定额》的项目（子目）作为列项的基本原则。

2. 项目编码按定额编号作为工程量清单编码，并在编码前冠粤字，如“简易结构”项目，编码为“粤 R1-1-1”。

3. 计量单位依据《修缮定额》确定，并应采用标准计量单位，如 m、m^2、m^3、t、kg、个、根……。

4. 工程量严格按照《修缮定额》规定的工程量计量规则计算确定。补充的项目，应在工程量清单中写明相应的工程量计算规则。

5. 清单项目的工作内容按照《修缮定额》确定。清单项目特征描述应根据拟建项目的实际情况确定，能满足确定综合单价需要为基本原则。

6.《修缮定额》没有对应项目的，可参照《建设工程工程量清单计价规范》（GB 50500—2008）的列项或由编制人补充。有补充项目的，应在工程量清单中写明补充项目的计量单位、计量方法、工作内容等。

四、修缮工程采用工程量清单计价的，应采用综合单价方式计算。综合单价除应计算清单项目所需的人工费、材料费、施工机械使用费和企业管理费与利润外，还应计取一定幅度内的风险费用。

五、修缮工程工程量清单计价应符合2010年《广东省建设工程计价通则》计价程序表的要求。

六、本规定自发文起执行。各单位在执行过程中的问题，请径向广东省建设工程造价管理总站反映。

二〇一二年十一月六日

19.2 关于实施《广东省住房和城乡建设厅建设工程施工工期的管理办法》的若干意见

粤建造发〔2012〕4号

各市建设工程造价管理站，顺德区建设市场管理站，各有关单位：

《广东省住房和城乡建设厅建设工程施工工期的管理办法》（粤建法［2012］112号，以下称《管理办法》）于2012年11月1日始施行。现就实施《管理办法》，提出如下意见，请一并执行。

一、建设工程施工发包时应明确施工工期，招标工程在招标文件中明确标准工期和施工工期。标准工期应依据《广东省建设工程施工标准工期定额》（2011）计算。

二、招标工期短于标准工期的，招标工程量清单应单独开列赶工措施项目清单，招标控制价应依据现行广东省建设工程计价依据计算赶工措施费；否则招标控制价不予备案。

三、投标工期短于标准工期的，投标人应承诺工期责任。投标施工组织方案采取赶工措施的，投标价应按方案计取赶工措施费，赶工措施费不得作为让利因素。

四、投标工期短于标准工期的，评标委员会应按《管理办法》的要求评审投标工期及赶工措施费用。不符合要求的，一律不得作为中标候选人推荐中标。

五、发承包双方应在施工合同中明确合同工期。施工合同未明确的，双方应协商确定，并签订补充协议；协商不能达成一致的，合同工期可按照标准工期确定。

六、施工合同有约定提前竣工奖或误期赔偿费的，工程竣工结算时应按照合同约定和工程开、竣工时间计算提前竣工奖或误期赔偿费，列入结算价款同时支付。

七、各市造价管理机构在工程造价市场监管或工程造价咨询企业动态核查中，应将施工工期有关事项列入监管或核查内容。

八、本意见自发布之日开始执行。

二〇一二年十一月一日

19.3 关于印发2010年《广东省安装工程综合定额》、《广东省市政工程综合定额》问题解答、勘误及补充子目的通知

粤建造函［2011］213号

各有关单位：

现将2010年《广东省安装工程综合定额》、《广东省市政工程综合定额》、《广东省园林绿化工程综合定额》问题解答、勘误及补充子目印发给你们。本问题解答、勘误及补充

子目与 2010 年《广东省安装工程综合定额》、《广东省市政工程综合定额》、《广东省园林绿化工程综合定额》配套使用。各单位在执行中遇到的问题，请及时反映。

广东省建设工程造价管理总站

二○一一年十一月一日

第20章 湖 南 地 区

20.1 关于发布湖南省各市州建设工程人工工资单价的通知

湘建价〔2012〕237 号

各市州住房和城乡建设局（建委、规划建设局），邵阳市建工局、株洲市招标局、各有关单位：

根据《建设工程工程量清单计价规范》（GB 50500—2008）、《湖南省建设工程造价管理办法》的有关规定，我厅组织各市州对近期建设工程人工工资单价进行了调查与测算，同时征求了建设各方意见，现予发布（见附表），并就有关事项规定如下，请一并遵照执行。

一、人工工资单价适用的范围

本通知所指人工工资单价包括建安工程与装饰工程最低工资单价和综合工资单价。建安工程工资单价适用于建筑工程、安装工程、仿古建筑及园林景观工程（不含装饰部分）、市政工程（包括城市轨道交通工程）以及建筑工程概算；装饰装修工程工资单价适用于一般工业与民用建筑的装饰工程及《湖南省仿古建筑及园林景观工程消耗量标准》中的第五章木作、第六章楼地面、第七章抹灰、第九章油漆、第十章彩画装饰工程。

二、合同签定、招标投标或工程结算时，应按以下规定执行：

1. 招标单位编制招标控制价（包括上限值、标底价）时，其工资单价应按综合工资单价计取，不得上调下浮。

2. 投标单位编制工程投标报价时，可根据企业的经营情况确定工资单价，但其最终体现的工资单价不得低于发布的当地最低工资单价，否则，其投标报价将按照低于成本价的规定处理。

3. 发包单位与承包单位签定施工承包合同时，其工资单价不得低于发布的当地最低工资单价。已签定的施工合同其工资单价低于施工期发布当地最低工资单价时，发包单位与承包单位应另行协商签定补充协议。

三、《湖南省建设工程消耗量标准》（基期基价）、《长株潭城市轨道交通工程单位估价表》及建筑工程概算定额取费基价，其人工工资单仍按 30 元计算，超过取费基价部分按价差考虑，计取相应规费与税金。

新的人工工资单价从 2012 年 10 月 1 日起执行。9 月 30 日以前完成的工程量仍按原规定及合同约定执行。

附件：湖南省各市州建设工程人工工资单价

二〇一二年九月二十九日

附件：

湖南省各市州建设工程人工工资单价

地区	最低工资单价		综合工资单价	
	建安工程	装饰工程	建安工程	装饰工程
长沙、株洲、湘潭市	60.00	70.00	75.00	91.00
衡阳、岳阳、益阳、常德、郴州、娄底、怀化、邵阳、永州、张家界市、自治州	55.00	65.00	70.00	86.00

20.2 湖南省建设工程造价管理总站关于脚手架及垂直运输费计价问题的处理意见

湘建价建〔2012〕23号

各市州建设工程造价管理站：

近期陆续接到有关单位反映执行《建筑施工扣件式钢管脚手架安全技术规范》(JGJ 130—2011）标准（以下简称“JGJ 130—2011规范”），以及按消耗量标准计算的工期与垂直运输机械台班数量，其垂直运输机械台班单价如何计算的问题，经研究函复如下。

对于以上问题，双方有约定的按约定执行，没有约定或约定不明的按以下规定处理：

1. 执行国家“JGJ 130—2011规范”的悬挑脚手架工程，比2006年《湖南省建筑装饰装修工程消耗量标准》综合的脚手架操作规范构造要求更严，具体表现如悬挑型钢规定最小尺寸不低于160mm双轴对称截面。其脚手架费用调整，按《湖南省建设工程计价办法》和工程消耗量标准水平动态调整及统一解释（湘建价计〔2008〕31号）文补充的“建筑物综合脚手架”相应项目每平方米建筑面积增加0.60kg工字钢的材料费用。

2. 垂直运输机械费的计算，其机械型号、台班数量与台班单价，应按《湖南省建设工程计价办法》和工程消耗量标准水平动态调整及统一解释（湘建价计〔2008〕31号）文的规定计算，同时台班数量按2000年《全国统一建筑安装工程工期定额》确定。如发包单位坚持按实际台班数量或按合同工期计算，其垂直运输机械的台班单价及机上操作工工资单价等则按双方认可的市场租赁价及市场工资单价予以计取。

二〇一二年四月十日

20.3 关于印发《湖南省建设工程劳务分包企业取费标准（试行）》的通知

各市州住房和城乡建设局（建委、规划建设局），邵阳市建工局，株洲市招标局，各有关

单位：

为规范我省建设工程劳务分包市场，促进建设工程劳务分包企业发展，维护工程承包企业与劳务分包企业的合法权益，根据《房屋建筑和市政基础设施工程施工分包管理办法》（建设部令124号）、原建设部《关于建立和完善劳务分包制度发展建筑劳务企业的意见》（建市［2005］131号）和《湖南省建筑劳务管理办法》（湘建建〔2005〕384号），以及《关于印发〈湖南省建设工程施工作业分包合同〉（示范文本）的通知》（湘建价〔2008〕88号）等规定，结合我省实际，特制定《湖南省建设工程劳务分包企业取费标准》。现予印发，并就有关事项通知如下：

一、本取费标准所称劳务分包是指总承包人（或专业承包人）将自己所承接工程的劳务作业依法分包给具有相应劳务资质的劳务分包企业所进行的施工作业。

二、本取费标准适用于我省行政区域内的各类房屋建筑、市政基础设施工程及园林绿化工程的劳务分包企业的计费。

三、本取费标准所指人工费是指劳务分包企业完成施工总承包人（或专业承包人）向工程发包人投标报价书中相应实物工程量的人工工日总量，乘施工作业期间建设行政主管部门发布的建设工程人工工资单价的总额。具体单价取定由双方合同约定，但不得低于我厅发布的最低人工工资单价。

施工总承包人（或专业承包人）在签订施工作业分包合同前，应向劳务分包企业提供招标投标报价书、工程量清单、施工图纸、施工承包合同副本或复印件。

四、本取费标准自2012年1月1日起试行，试行期间有何问题，请及时向省建设工程造价管理总站反馈。

湖南省建设工程劳务分包企业取费标准

费用项目		计费基础	费率（%）
企业管理费		人工费（元）	6.94
利 润		人工费（元）	4.58
规 费	养老保险费	人工费（元）	8.00
	职工教育经费、工会经费	人工费（元）	1.75
	住房公积金	人工费（元）	4.00
	社会保险费	人工费（元）	7.79

注：社会保险费包括失业保险费、医疗保险费、工伤保险费、危险作业意外伤害保险费。

湖南省住房和城乡建设厅

二〇〇一年十二月十二日

附件：

湖南省建设工程劳务分包企业取费标准说明

1. 本取费标准包括企业管理费、利润、规费。

（1）企业管理费：是指劳务作业承包企业组织施工生产和经营管理所需的费用。包括：

① 管理人员工资：指管理人员的基本工资，工资性补贴、津贴，福利费和现场管理人员的劳动保护费。

②办公费：指管理人员办公用文具、纸张、账表、印刷、通讯、书报、会议、水电、烧水、取暖费等。

③差旅交通费：指因公出差的差旅费和住勤补助费，市内交通费和误餐补助费，劳动力招募费，工伤人员就医路费，工地转移费和办公生活用交通工具的油料、养路费及牌照费等。

④固定资产和工具用具使用费：指管理使用的属于固定资产的房屋、汽车等的折旧、大修、维修费、房产税、车船使用税、保险费或租赁费，以及不属于固定资产的家具、交通工具、消防用具和生产工人自备工具用具的购置、维修和摊销费等。

⑤劳动保险费：指支付给职工六个月以上的病假人员工资、死亡丧葬补助费、抚恤费。

（2）利润：是指劳务承包企业完成所承包的劳务作业项目所获得的盈利。

（3）规费：是指劳务承包企业按规定应当计取或必须缴纳的费用。包括：

①养老保险费：指劳务承包企业按规定标准为劳务作业生产工人缴纳的基本养老保险费。

②失业保险费：指劳务承包企业按规定标准为劳务作业生产工人缴纳的失业保险费。

③医疗保险费：指劳务承包企业按规定标准为劳务作业生产工人缴纳的基本医疗保险费。

④危险作业意外伤害保险：是指按照建筑法规定，劳务承包企业为从事危险作业劳务作业生产工人支付意外伤害保险费。

⑤住房公积金：指劳务承包企业按规定标准为劳务作业生产工人缴纳的住房公积金。

⑥工伤保险费：指劳务承包企业按工伤保险条例规定为劳务作业生产工人缴纳的工伤保险费。

⑦职工教育费：指劳务承包企业为劳务作业生产工人学习先进技术和提高文化水平所需的费用。

⑧工会经费：指劳务承包企业为开展工会工作所需的费用。

2. 生产工人安全防护用品费、安全技能培训费双方合同约定。

3. 工程项目施工现场的临时设施应由工程承包人搭建，劳务分包企业不再计取临时设施费用。工程承包人不提供临时设施或搭建的临时设施不能满足施工需要，劳务分包企业自行搭建，其费用按实向工程承包人收取。

4. 工程承包企业要求劳务分包企业采购或自配低值易耗材料、小型机具，其价款结算双方合同约定。

5. 工程项目施工现场的安全防护、文明施工措施由工程承包人负责。

6. 劳务分包企业为本企业劳务作业生产工人统一办理并缴纳了养老保险费与住房公积金的，凭社会保险机构、住房公积金缴纳专业银行有效证件向工程承包人计取养老保险费与住房公积金。

7. 劳务分包企业在开始施工作业前，工程承包人已为劳务作业生产工人办理了社会保险费的，且不需劳务分包企业支付该费用的，双方应在合同中明确工程承包人已为劳务作业生产工人投保的内容与获得保险金额。已投保部分其费用不再重复计算。

8. 税金在工程总造价中计取，劳务分包人缴纳营业税由工程承包人代扣代缴。具体纳税办法按省税务部门规定执行。

第21章　江　西　地　区

21.1　关于发布市政工程定额补充项目的通知

赣建价发［2012］15号

各设区市建设工程造价管理站、各有关单位：

为完善《江西省市政工程消耗量定额及单位估价表》项目，满足市政工程计价需求，通过市场调查、资料收集、整理测算，决定补充“拉森钢板桩”项目，现予发布试行，在试行中遇到问题请及时与我局预算定额科联系。

附件：“拉森钢板桩”补充定额项目（试行）

二〇一二年八月七日

附件：

说　明

一、本补充定额项目适用于市政管沟、渠箱及陆地立交桥梁基坑的支护。

二、本补充定额人材机的单价采用《江西省2006年市政工程消耗量定额及单位估价表》所取定的价格，实际不同可按行政主管部门的现行计价规定进行调整。工程费用的计算可参照《江西省市政及园林工程费用定额》执行。

三、管沟、基坑打拔拉森钢板桩的工程量按设计图示入土深度（即从自然地面至桩底深度）乘以每米质量，以t计算。

四、管沟、基坑拉森钢板桩的支撑工程量，宽度在4m以内的按设计长度以m计算；宽度在4m以外的按施工组织设计的支撑质量以t计算。

附件：拉森钢板桩.xls

工作内容：1. 打拉森钢板桩：钢板桩装、卸和运输，打钢板桩。

2. 拔拉森钢板桩：拔桩，运桩、堆放，回程运输。

单位：10t

定额编号				D1$_b$-3	D1$_b$-4	D1$_b$-5	D1$_b$-6
项 目 名 称				管沟、基坑打拔拉森钢板桩			
				砂、碎石、石屑及散料天然基础支护	混凝土及钢筋混凝土管道基础支护	钢筋混凝土渠箱及陆地立交桥梁基坑支护	拔拉森钢板桩
基价（元）				3221.69	3488.88	4037.18	1186.77
其中	人工费（元）			451.20	564.00	676.80	258.50
	材料费（元）			1865.68	2020.07	2455.57	0.00
	机械费（元）			904.81	904.81	904.81	928.27
名称		单位	单价（元）	数 量			
人工	综合工日	工日	23.50	19.200	24.000	28.800	11.000
材料	拉森钢板桩	t	6500.00	0.268	0.287	0.354	
	其他材料费	元	1.00	123.680	154.570	154.570	
机械	履带式液压单斗震动打桩机（带夹具）	台班	2217.68	0.408	0.408	0.408	0.334
	载货汽车 6t	台班	312.60				0.600

工作内容：钢板桩支撑制作，试拼、安装，拆除，堆放，回程运输。 单位：见表

定 额 编 号				D1$_b$-7	D1$_b$-8
项 目 名 称				管沟、基坑拉伸钢板桩支撑	
				宽度 4 米内	宽度 4 米外
				10 延长米	10t
基价（元）				332.52	6062.15
其中	人工费（元）			73.09	564.00
	材料费（元）			119.64	4635.08
	机械费（元）			139.79	863.07
名称		单位	单价（元）	数 量	
人工	综合工日	工日	23.50	3.110	24.000
材料	型钢	kg	3.68	10.201	766.420
	电焊条	kg	3.86	5.320	1.800
	松原木	m^3	612.00	0.060	
	铁件	kg	4.45		17.000
	焊接钢管	t	3550.00	0.007	0.484
	其他材料费	元	1.00		13.860
机械	汽车式起重机 12t	台班	604.92		1.350
	交流电焊机 30kV·A	台班	100.93	1.385	0.460

单位：台班

定　额　编　号				13-23
项　目　名　称				履带式液压单斗震动打桩机（带夹具）
基价（元）				2217.68
名称		单位	单价（元）	数　量
费用	折旧费	元	1.00	687.21
	大修费	元	1.00	298.52
	经修费	元	1.00	627.78
	人工费	工日	23.50	2.00
	柴油	kg	3.26	170.91

21.2　关于调整江西省建设工程费用定额项目的通知

赣建价［2012］3号

各设区市建设局（建委）、城管局（委）、园林局、房管局，省直有关部门：

根据《江西省财政厅　江西省发展和改革委员会关于公布取消20项涉及企业行政事业性收费的通知》（赣财综［2012］5号）关于取消建筑行业上级管理费的规定，决定取消我省建设工程现行费用定额中的上级（行业）管理费。现就有关事项通知如下：

一、自2012年2月1日起，工程建设项目在编制招标控制价、投标报价、概预算、结算时不再计取上级（行业）管理费。

二、本文下发之前已缴纳上级（行业）管理费的工程，结算时按缴纳金额（凭江西省行政事业性收费票据）计入工程造价。

二〇一二年四月五日

21.3　关于调整江西省建设工程费用定额税金组成和税金计取标准的通知

赣建价［2011］12号

各设区市建设局（建委）、房管局、园林局，省直有关部门：

根据《江西省人民政府办公厅转发江西省财政厅等部门〈关于江西省地方教育附加征收管理办法〉的通知》（赣府厅发［2010］36号）关于从2010年7月1日起凡我省行政区域内，缴纳增值税、消费税、营业税的单位和个人，除按国家规定缴纳教育附加外，应当依照本办法规定缴纳地方教育附加。地方教育附加以各单位和个人实际缴纳的增值税、消费税、营业税税额为计征依据，计征比率为2%的规定，决定调整我省建设工程现行费用定额税金的组成，增加地方教育费附加项目，并相应调整税金计取标准。调整标准详见附件。

本通知自 2010 年 9 月 1 日起执行。接此通知前已办理完竣工结算的工程不再调整。

附件：调整后的税金计取标准

二〇一一年九月七日

附件：

调整后的税金计取标准

工程所在地	在市区的	在县城、镇的	不在市区、县城或镇的
综合税率（%）	3.477	3.413	3.284

第22章 安 徽 地 区

22.1 关于《安徽省建设工程概算定额》定额人工费调整的实施意见

造计〔2012〕16号

各市造价（定额）站：

根据省住房和城乡建设厅《关于调整建设工程定额人工费的通知》（建标〔2011〕267号）文件精神，凡执行《安徽省建设工程概算定额》的，其定额人工费单价由47元/工日调整为57元/工日，调整增加的人工费不参与取费，只计取税金。

本实施意见自2012年1月1日起执行。

安徽省建设工程造价管理总站

二〇一二年八月三十一日

22.2 关于调整建设工程税金费率的通知

造计〔2011〕26号

各市造价（定额）站：

根据省财政厅、地方税务局、教育厅关于印发《安徽省地方教育附加征收和使用管理暂行办法》的通知（财综〔2011〕349号）精神，现对我省建设工程税金组成及费率进行调整，具体事项通知如下：

一、我省现行建设工程的税金组成增加“地方教育附加”内容，地方教育附加按营业税的2%计取。调整后的建设工程税金包括：营业税、城市建设维护税、教育费附加、水利建设基金和地方教育附加。

二、建设工程税金的费率调整如下：

1. 工程所在地在省辖市市区的，其费率由3.475%调整为3.539%。

2. 工程所在地在县城、建制镇的，其费率由3.410%调整为3.475%。

3. 工程所在地不在省辖市市区、县城、建制镇的，其费率由3.282%调整为3.346%。

三、税金调整属于政策性调整，不在建设工程施工合同风险范围之内。凡已办理完竣工结算的工程不再调整。

四、本通知自2012年1月1日起执行。

安徽省建设工程造价管理总站

二〇一一年十二月一日

22.3 关于调整执行建设工程定额人工费的实施意见

造计〔2011〕25号

各市造价（定额）站：

根据省住房和城乡建设厅《关于调整建设工程定额人工费的通知》（建标〔2011〕267号）文件精神，我省建设工程定额人工费单价由47元/工日调整为57元/工日。为便于贯彻实施，经研究提出如下实施意见：

一、适用范围：凡执行我省现行建设工程计价依据的，包括建筑、安装、装饰装修、市政、房屋修缮、园林绿化及仿古建筑、城市轨道交通、抗震加固等工程，均执行本实施意见。

二、调整的人工费单价所包括的内容：主要包括定额人工费组成的内容及流动施工津贴，不包括社会保障费、住房公积金等其他费用。

三、执行清单计价的工程：

1. 对于执行2005年《建设工程工程量清单计价规范》及其配套清单计价依据的，原定额人工费单价为31元/工日，现调整为57元/工日，调整增加的人工费不参与取费，只计取税金。其中装饰装修工程定额人工费单价可以由当事人视工程技术特点、难易程度等，在合同中约定单价标准，但不得超过85元/工日。

2. 对于执行2009年《安徽省建筑、装饰装修工程计价定额综合单价》、《安徽省安装工程（常用册）计价定额综合单价》的，原定额人工费单价为39元/工日，现调整为57元/工日，调整增加的人工费不参与取费，只计取税金。

3. 对于执行2010年《安徽省城市轨道交通工程计价定额综合单价》的，原定额人工费单价为39元/工日，现调整为57元/工日，调整增加的人工费不参与取费，只计取税金。

四、执行定额计价的工程：其定额人工费单价统一调整为57元/工日，原定额中3.5元/工日的流动施工津贴均不再计取。取消定额人工工日地区差价。

1. 对于执行2000年定额计价依据的，原定额人工费单价（分别为27.64元/工日、25.84元/工日、24.55元/工日）统一调整到57元/工日，其价差计取税金后，计入工程总价。

2. 对于执行1999年《全国统一建筑工程基础定额安徽省装饰工程综合估价表》的，原定额人工费单价（分别为19.69元/工日、22.00元/工日、26.00元/工日）现统一调整为57元/工日，其价差计取税金后，计入工程总价。

3. 对于执行1999年《全国统一房屋修缮工程预算定额安徽省综合价格》的，原定额人工费单价为19.69元/工日，现调整为57元/工日，其价差计取税金后，计入工程总价。

4. 对于执行2000年《全国统一市政工程预算定额安徽省估价表》的，原定额人工费单价为25.84元/工日，现调整为57元/工日，其价差计取税金后，计入工程总价。

5. 对于执行2002年《安徽省抗震加固工程估价表》的，原定额人工费单价为31.14元/工日，现调整为57元/工日，其价差计取税金后，计入工程总价。

6. 施工机械台班费中的人工费调整应根据相应的定额和施工机械台班费用定额，分析机械台班用工量后，进行人工价差调整，其调整部分计取税金后，计入工程总价。

五、本实施意见自 2012 年 1 月 1 日起执行。跨年度工程按工程合同约定办理。

安徽省建设工程造价管理总站

二○一一年十一月八日

第23章 河 南 地 区

23.1 河南省住房和城乡建设厅关于加强建设工程费用计价项目中社会保障费管理的意见

各省辖市、省直管试点县（市）住房和城乡建设主管部门：

为加强全省建设工程费用计价项目中的建设劳保费统一监管，维护行业从业人员合法权益，确保建筑行业稳定健康发展，根据河南省人民政府《关于加快建筑业发展的意见》（豫政〔2006〕3号）、《建筑安装工程劳动保险费用管理办法》（建人〔1996〕512号）、建设部《建设工程工程量清单计价规范》（GB 50500—2008）等有关规定，现提出如下意见，望认真贯彻执行。

一、建设工程费用计价项目中的社会保障费（以下简称：建设劳保费）是指建设工程费用计价项目中按比例计取的，施工企业为劳动者缴纳的养老保险费、医疗保险费和失业保险费等专项费用。

二、建设劳保费实行统一管理，是改革完善建设工程计价方式的一项重要举措，是防止社会保障费挪作他用、确保建筑企业离退休职工基本生活稳定的有效办法，是维护建筑施工企业广大职工合法权益的重要保障。各级住房和城乡建设行政主管部门要提高认识，加强领导，进一步落实和完善管理机构，建立健全各项规章制度，切实加大管理力度。

三、建设劳保费是建设工程成本的组成部分，作为不可竞争费用，实行统一管理。由各级建设劳保费管理机构按省建设行政主管部门发布的计费标准，统一向建设单位收取，统一向建筑业企业拨付、调剂，确保建设劳保费专款专用。各地建设劳保费管理机构可结合实际制定实施细则。

四、建设劳保费实行统一管理后在工程招投标和结算时应进行单列，不得将该项费用计入招标控制价、投标报价、合同价及结算价。建设单位应将缴纳的建设劳保费计入成本列入工程总造价，施工企业应计入工程施工成本列入建安工程造价。

五、建设单位应当在建设工程项目办理施工许可前，预缴建设劳保费；在建设工程项目竣工备案前，结清建设劳保费。结算手续作为办理建设工程项目竣工备案的条件。建设劳保费的计取标准按《河南省建设工程量清单综合单价》规定的费率计提收缴。

六、建设劳保费的拨付实行“以支定拨”的原则。各地根据施工企业建设劳保费实际收取情况按规定比例扣除风险积累金、管理服务费后，以施工企业上年度的社会保障费支出为参考依据进行拨付。异地施工的建筑施工企业可一次性拨付建设劳保费。对建设劳保费支出较少的建筑施工企业按基准拨付比例拨付，基准拨付比例由各地住房和城乡建设行政主管部门根据当年积累情况核定，但不得少于建设工程项目缴纳建设劳保费的50%。

七、建设劳保费的调剂实行“以丰补欠”的原则。建筑施工企业当年建设劳保费收不抵支时，可在年底前向当地住房和城乡建设行政主管部门申请结转或调剂。对本地施工企业，建设劳保费管理机构根据企业社会保障费负担情况、完成建筑安装工程产值情况等有关规定，采取拨付、调剂相结合的办法进行。对无施工产值的施工企业，可根据企业实际和行业建设劳保费风险调剂资金积累情况，从社会稳定和确保离退休职工利益出发，进行适当补贴。各级建设劳保费管理机构对企业建设劳保费的调剂进行测算后提出方案，报上级建设行政主管部门审定后实施。

八、收缴的建设劳保费应当缴入财政指定的专用账户，严格执行国家有关政策，实行专款专用。各地可结合实际，对拨付到施工企业的建设劳保费实行专户管理，并积极采取资金保值增值措施。建设劳保费的管理、使用情况要主动接受财政、审计部门的监督。

九、建筑施工企业必须按规定将建设劳保费用于向当地社会保险经办机构缴纳职工的养老保险费、失业保险费、医疗保险费和支付本企业离退休人员、职工有关政策补贴。建筑施工企业要按其资质规模达到相应的参保人数。

十、各级住房和城乡建设行政主管部门要结合当地实际，建立建筑施工企业中专业分包和劳务分包企业建设劳保费专项资金管理制度，探索农民工建设劳保费的拨付办法，防止建设劳保费的资金沉淀，切实保障农民工的合法权益。

十一、根据工程投资规模及实际工作需要，各级住房和城乡建设行政主管部门要提取建设劳保费缴纳总额的5%作为风险积累金，用于风险调剂。各级建设劳保费管理机构的工作经费，由同级财政部门按当地政府的规定核拨。

十二、未实行建设劳保费统一管理的市、县，要结合实际尽快开展此项工作。暂不具备条件实行建设劳保费统一管理的工程，由施工企业直接向建设单位足额计取建设劳保费。

十三、建设劳保费属于法定规费，任何单位和个人不得以任何理由减免、截留和挪用。各级住房和城乡建设行政主管部门负责本地建设劳保费的收支及管理，并对建设单位、施工企业减免、截留、挪用建设劳保费和弄虚作假等违规行为进行查处和追究相关责任。

十四、本意见自发布之日起执行。

二〇一二年八月二日

23.2 河南省住房和城乡建设厅关于调整《河南省建设工程安全文明施工措施费计价管理办法》中费用的通知

豫建设标〔2012〕31号

省直辖市、直管县（市）住房和城乡建设局（委），各有关单位：

根据财政部、安全监管总局关于印发《企业安全生产费用提取和使用管理办法》（财企〔2012〕16号）的文件精神及相关规定，结合我省施工现场安全及监控标准的提高，近年来人工费、材料费上涨的实际情况，决定对《河南省建设工程安全文明施工措施费计价管理办法》（豫建设标〔2006〕82号）文中的安全文明施工措施费用进行调整，并就有关问题通知如下：

一、对《河南省建设工程安全文明施工措施费计价管理办法》的附表进行调整。

1. 对原附表1的工程分类、费率基数、费用比例作适当调整。

2. 对原附表2文明施工和安全生产的内容作了补充。其中安全防护设施设备支出包括：施工现场临时用电系统、洞口、临边、机械设备、高处作业防护、交叉作业防护、防火、防爆、防尘、防毒、防雷、防地质灾害、地下工程有害气体监测、通风、临时安全防护等支出。原附表2的垃圾清运（指生活垃圾清运和建筑垃圾堆放），含在场容场貌中。

3. 对原附表3的工程分类、费率基数、费用作适当调整。

二、调整后的费用标准适用于清单计价、定额计价工程。安全文明施工措施费计价管理办法仍按原规定执行。

三、调整单独测算安全文明施工措施费的单项工程建安造价规模。原规定“单项工程造价在5000万元以上的由各市定额站（造价办）负责单独测算，报省站备案后方可计算”。改为：单项工程建安造价在1亿元以上，市政工程2亿元以上的工程，安全文明施工措施费由各市定额站（造价办）负责单独测算，并报省站备案。轨道交通工程不受此限。

四、群体工程安全文明施工措施费的计算。一个承包方在同一施工场地，同时承包两个以上（含两个）单项工程时，安全文明施工措施费以费用最大的工程计算，其他单项工程按规定的费率乘以下相应调整系数：

1. 两个单项工程的另一个按规定费率的95%计算；

2. 三个单项工程的另二个按规定费率的90%计算；

3. 四个及以上工程的另外几个按规定费率的85%计算；

五、构筑物、钢结构、独立土石方工程、独立桩基础工程，参照装饰工程的标准执行。

六、轨道交通工程的安全文明施工措施费执行《郑州市城市轨道交通工程单位估价表》中的规定。

七、安全文明施工措施费中的基本费应按规定足额计取，工程造价结算及审核时不得调减。现场考评费应按工程造价管理机构核发的《安全文明施工措施费率核定表》进行计算。奖励费根据获奖级别按（豫建设标〔2006〕82号）文第十四条规定计算。

八、本文自发布之日起执行。

附件：1. 河南省建设工程现场安全文明施工措施费—费率表

2. 安全文明设施、费用投入表

3. 安全文明施工措施费—费率核定表

二〇一二年七月三十一日

附件 1

河南省建设工程现场安全文明施工措施费——费率表

序号	工程分类	费率基数	安全文明措施费（%）			
			基本费	考评费	奖励费	合计
1	建筑工程	定额综合工日×34×1.66	11.72	3.56	2.48	17.76
2	装饰工程	定额综合工日×34×1.66	5.86	1.78	1.24	8.88
3	安装工程	定额综合工日×34×1.66	11.72	3.56	2.48	17.76
4	市政工程	定额综合工日×34×1.66	15.60	4.73	3.31	23.64
5	园林绿化工程	定额综合工日×34×1.66	7.80	2.37	1.65	11.82
6	仿古建工程	定额综合工日×34×1.66	5.86	1.78	1.24	8.88
7	轨道交通工程	另行规定				

注：1. 建筑工程适用于总包工程，包含房屋建筑中的土建工程及其配套的安装、装饰等工程。

2. 装饰工程、安装工程适用于单独发包工程。

附件 2

资料编号：____________

安全文明设施、费用投入表

工程名称：__________　　工程特征：__________

工程造价（万元）：______　　建筑面积（m^2）：______　　综合工日（工日）：______

序号		设施项目内容	计量单位	单价	数量	金额（元）
文明施工	1	现场围挡				
	2	五板一图				
	3	场区道路、场容场貌				
	4	材料堆放、操作加工棚				
	5	办公、生活房屋				
	6	其他相关费用				
安全生产	1	安全防护设施设备支出				
	2	应急救援器材、设备及演练支出				
	3	安全隐患评估、监控检查咨询				
	4	作业人员安全防护用品支出				
	5	安全生产宣传、教育、培训支出				
	6	安全设施检测检验支出				
	7	其他相关的支出				
合计						

填报单位：　　负责人：　　经办人：

联系电话：

填表日期：　　年　　月　　日

附件3

安全文明施工措施费——费率核定表

工程名称：______________________ 资料编号：______________

____

序号	工程分类	费率基数	核定安全文明措施费（%）			
			基本	考评费	奖励	合计
1	建筑工程	定额综合工日×34×1.66	11.72			
2	装饰工程	定额综合工日×34×1.66	5.86			
3	安装工程	定额综合工日×34×1.66	11.72			
4	市政工程	定额综合工日×34×1.66	15.60			
5	园林绿化工程	定额综合工日×34×1.66	7.80			
6	仿古建工程	定额综合工日×34×1.66	5.86			
7	轨道交通工程	另行规定				

测算单位： 负责人：

经办人：

联系电话：

填表日期： 年 月 日

河南省住房和城乡建设厅办公室

2012年7月31日

第24章　宁　夏　地　区

24.1　关于印发《宁夏回族自治区建设工程造价咨询合同（示范文本）》的通知

宁建（科）字［2012］20号

各有关单位、工程造价咨询企业：

为了加强我区工程造价咨询市场管理，规范市场各方主体行为，结合我区工程造价咨询业发展实际，现将修订后的《宁夏回族自治区建设工程造价咨询合同（示范文本）》（以下简称《示范文本》），印发给你们，请认真执行，并作如下具体要求：

一、凡在我区行政区域内开展建设工程造价咨询业务的，均应参照《示范文本》签订建设工程造价咨询合同。

二、签订建设工程造价咨询合同的咨询人必须具有法人资格，并应持有建设行政主管部门颁发的工程造价咨询资质证书和工商行政管理部门核发的企业法人营业执照。

三、《示范文本》的合同条件分"标准条件"和"专用条件"两部分。"标准条件"应全文引用，不得删改。"专用条件"则应按其条款编号和内容，根据咨询项目的实际情况进行修改和补充，但不得违背公平、自愿的原则。

四、本《示范文本》可从"宁夏工程造价信息网"下载。

五、《示范文本》自2012年6月1日起实施。执行中发现的问题请及时反馈自治区住房和城乡建设厅所属建设工程造价管理机构。

附件：《宁夏回族自治区建设工程造价咨询合同》（示范文本）

宁夏回族自治区住房和城乡建设厅

宁夏回族自治区工商行政管理局

二〇一二年五月二日

24.2　关于调整我区建设工程造价综合取费基础的通知

宁建字〔2011〕第127号

各市、县（区）住房和城乡建设局、发展和改革委员会、财政局，各建设、设计、施工、工程造价咨询、招投标代理、工程监理及有关单位：

今年以来，受国内原材料价格以及能源、交通运输、公共服务等费用上涨影响，各项工程建设成本以及施工企业管理费用增幅较大。为合理确定和有效控制工程造价，稳定我区建设市场，确保工程质量安全，保证工程建设的正常进行，维护建设各方的合法利益，根据《宁夏回族自治区建设工程造价管理条例》，结合我区实际情况，现对在我区施工的建设工程取费基础做如下调整：

一、综合费用取费基础调整

执行我区2008建设工程计价依据的建设工程（包括：建筑、装饰、安装、市政、园林工程）综合费用取费基础由定额人工费34元/工日调整为45元/工日。

二、执行时间

本通知自发布之日起在我区范围内执行。之前已竣工结算的工程和在建工程已完成的工程量不再调整。本通知发布之后在建工程完成的工程量，施工合同有约定的，按合同约定执行；合同无约定的，按本通知调整。

自治区建设厅　自治区发改委　自治区财政厅

二〇一一年十月九日

第 25 章　山　西　地　区

25.1　关于发布山西省建筑安装工程概算调整系数及有关问题的通知

晋建标字［2011］494 号

各市住房和城乡建设局（建委），各有关单位：

2011 年《山西省建设工程计价依据》已于 2011 年 7 月 1 日发布实施。为了与现行计价依据同步，合理确定工程概算造价，经研究决定，现发布概算定额的调整系数，并就有关问题通知如下：

一、概算定额调整系数

编制概算以 2003 年《山西省建筑安装工程概算定额》为基础，计算出概算定额直接工程费（人工费）和技术措施费（人工费）后，分别乘以概算定额调整系数（见附表），即为调整后概算定额的直接工程费（人工费）和技术措施费（人工费）。

二、组织措施费、企业管理费、规费、利润、税金等费用计算程序，均按 2011 年《山西省建设工程费用定额》执行。

三、本建筑安装工程概算定额调整系数，自 2012 年 1 月 1 日起执行。

山西省住房和城乡建设厅

二〇一一年十二月三十一日

附表：

概算定额调整系数表

建筑工程		安装工程		
定额直接工程费	定额技术措施费	定额直接工程费	定额技术措施费	定额人工费
1.6	1.3	1.5	1.3	2.4

注：1. 建筑工程包括装饰工程。凡执行概算定额的建筑、装饰工程均按建筑工程取费。

2. 水暖工程不包括铸铁暖气片主材价格。

25.2 关于调整建筑安装工程税金的通知

晋建标定字〔2011〕7号

各市住房和城乡建设局（建委），各市标准定额（建筑经济）站，各有关单位：

根据山西省人民政府《关于印发全省地方教育附加征收使用管理办法的通知》（晋政发〔2011〕25号）精神，决定对建筑安装工程中的税金进行调整。通知如下：

一、凡在我省行政区域内进行建筑安装工程计价活动的，均按纳税人工程所在地不同进行税率调整。调整后的税率为：在市区的3.477%，在县城镇的3.412%，不在市区、县城镇的3.284%。计费基础见山西省《建设工程费用定额》。

二、本通知自2011年2月1日起执行。

山西省工程建设标准定额站

二〇一一年十一月一日

第26章 青 海 地 区

26.1 关于调整青海省建设工程预算定额人工费单价的通知

青建工〔2011〕914号

西宁市建委，各州、地住房城乡建设局，各施工、工程造价咨询单位：

为使我省建设工程预算定额人工费单价适应建筑市场实际，经调研测算，决定对我省建设工程预算定额人工费单价进行调整。现将有关事项通知如下：

一、新调整的预算定额人工费单价适用于我省建筑、装饰装修、安装、市政、园林绿化、仿古建筑、房屋修缮、市政维护工程。

二、调整后的全省各市、县预算定额人工费单价详见附件。新增日工资额不作为取费基础，计税后列入工程总造价。

三、新调整的预算定额人工费单价自2012年1月1日起执行，已完成的工程量和已竣工结算的工程不再调整。

四、本通知由省建设工程造价管理总站负责解释。

附件：青海省建设工程预算定额人工费单价表

附件：

青海省建设工程预算定额人工费单价表

单位：元/工日

地区		日工资单价	新增日工资额
西宁市	市区	51.60	12.47
	大通	51.70	12.49
	湟中	51.81	12.52
	湟源	51.81	12.52
海东	平安	51.81	12.52
	乐都	51.70	12.49
	民和	51.70	12.49
	互助	51.81	12.52
	化隆	51.91	12.55
	循化	50.41	12.18
海北	门源	55.16	13.33
	海晏	55.16	13.33
	祁连	57.28	13.85
	刚察	59.70	14.43
海西	德令哈	60.27	14.57
	乌兰	58.10	14.04
	都兰	58.10	14.04
	天峻	61.87	14.95
	大柴旦	62.80	15.18
	冷湖	64.50	15.59
	茫崖	66.62	16.10
	格尔木	64.71	15.63

续表

地区		日工资单价	新增日工资额
海南	共和	58.00	14.02
	贵德	53.20	12.86
	贵南	60.78	14.68
	同德	62.28	15.05
	兴海	61.15	14.78
黄南	同仁	56.45	13.64
	尖扎	53.92	13.03
	泽库	62.64	15.14
	河南	62.64	15.14
玉树	玉树	67.54	16.32
	称多	67.54	16.32
	囊谦	67.54	16.32
	杂多	68.83	16.63
	治多	69.20	16.73
	曲玛莱	69.56	16.81
果洛	玛沁	66.41	16.05
	甘德	67.08	16.21
	达日	67.08	16.21
	久治	64.71	15.64
	班玛	64.71	15.64
	玛多	67.75	16.37

第27章 陕 西 地 区

27.1 关于调整房屋建筑和市政基础设施工程工程量清单计价综合人工单价的通知

陕建发〔2011〕277号

各设区市建设局（建委、规划局、市政局）、杨凌示范区规划建设局：

去年以来，建筑劳务市场人工单价普遍上涨，为客观反映我省建设工程人工单价水平，根据《陕西省建设工程造价管理办法》和2009《陕西省建设工程工程量清单计价规则》相关条文规定，我厅在对省内外调研的基础上，对我省现行建设工程的综合人工单价进行调整，具体规定如下：

一、调整标准

综合人工单价：建筑工程、安装工程、市政工程、园林绿化工程由原42元/工日调整为55元/工日；装饰工程由原50元/工日调整为65元/工日。

综合人工单价调整后，调增部分计入差价。

二、执行时间及有关规定

本通知从2011年12月1日起执行。2011年12月1日以前未办理竣工结算的工程，合同约定执行国家调价政策的，2011年12月1日以后完成的工作量，执行调整后标准；合同未约定的，是否调整及调整幅度由双方商定。

三、本通知由陕西省建设工程造价总站负责解释。

二〇一一年十一月二十八日

第28章 贵州地区

28.1 关于调整贵州省建筑安装工程税率的通知

黔建建通【2012】271 号

各市（州）住房和城乡建设局、各有关单位：

根据《贵州省人民政府关于修改〈贵州省教育经费筹措管理办法〉的决定》（贵州省人民政府令第 125 号），贵州省财政厅、贵州省教育厅、贵州省国家税务局、贵州省地方税务局《关于调整地方教育附加征收范围和标准有关问题的通知》（黔财非税〔2011〕15 号）精神，建设工程造价中税金组成内容应增加地方教育附加。经测算，决定对现行贵州省 2004 版建筑工程、装饰装修工程、安装工程、市政工程、园林绿化及仿古建筑工程五部计价定额工程费用中税金进行调整。具体事项通知如下：

一、适用范围

凡在我省行政区域内进行建筑安装工程计价活动的企业，均按纳税人工程所在地不同进行税率调整。调整后的税率计取见下表：

工程项目所在地	计税基数	调整前税率（%）	调整后税率（%）
城市	不含税工程造价	3.41	3.48
县、镇		3.35	3.41
镇以下（不含镇）		3.22	3.28

二、执行时间

企业从 2011 年 1 月 1 日起纳税的，均应按调整后的税率标准执行。已办理竣工结算的工程不作调整。

贵州省住房和城乡建设厅

二〇一二年五月二十三日

28.2 关于调整贵州省 2004 版五部计价定额人工费和机械使用费的通知

黔建建通〔2011〕564 号

各市（州、地）县（市、区、特区）住房城乡建设局、发展改革委（局），各有关单位：

近几年来，建筑市场劳务实际价格有较大幅度的提高，燃油费、电价也在逐步上涨，我省现行计价定额人工费、机械使用费明显偏低。为维护建筑市场的正常秩序，促进我省建筑市场健康发展，经过调查研究并认真测算，确定贵州省2004版五部计价定额人工费、机械使用费调整系数，现予以公布：

一、执行贵州省2004版五部计价定额的单位工程人工费调整方法如下：

①建筑、装饰装修、市政、园林绿化及仿古建筑工程人工费调增：按单位工程2011年9月1日以后实际完成的实物工程量所对应的定额人工费合计×110%计算。

②安装工程人工费调增：按单位工程2011年9月1日以后实际完成的实物工程量所对应的定额人工费合计×115%计算。

③单独承包土石方的单位工程人工费调增：按单位工程2011年9月1日以后实际完成的土石方量所对应的定额人工费合计×70%计算。

二、执行贵州省2004版建筑、装饰装修、市政、园林绿化计价定额的单位工程机械使用费调整方法如下：

按单位工程2011年9月1日以后实际完成的实物工程量所对应的定额机械使用费合计×16.10%计算。

其中，大型机械进出场、安拆的机械使用费及建筑、装饰装修工程垂直运输机械费不调整。

安装、仿古建筑工程的定额机械使用费不调整。

三、人工费的调整基数为定额人工费，各专业定额的具体范围为：建筑工程，定额A1～A10；装饰装修工程，定额B1～B6；安装工程，定额C1～C12；市政工程，定额D1～D8；园林绿化工程，定额E1～E6；仿古建筑工程，定额E7～E10。

机械使用费的调整基数为定额机械使用费，各专业定额的具体范围为：建筑工程，定额A1～A10；装饰装修工程，定额B1～B6；市政工程，定额D1～D8；园林绿化工程，定额E1～E6。

四、以上调增的人工费、机械使用费均列在费用计算顺序表的税前，不得作为计取其他费用的基数。

五、本次人工费、机械使用费调整从2011年9月1日起执行。调整范围仅限于2011年9月1日以后实际完成的工程量。施工合同中对人工费、机械使用费单独有约定的，按合同约定的方式处理；在合同中另加了风险（包干）系数的工程，不再调整。

贵州省住房和城乡建设厅　贵州省发展和改革委员会

二〇一一年十一月七日

第29章 内蒙古地区

29.1 内蒙古自治区建设工程造价管理总站关于《内蒙古自治区建设工程费用定额》的勘误与解释

自2009年7月1日起执行的《内蒙古自治区建设工程费用定额》，对材料及产品质量检测费的计算方法做了调整。规定每一单项建设工程，其材料及产品质量检测费最多计取8万元。近来，一些施工单位来函、来电反映每单项建设工程实际发生的检测费用，已超出8万元，而且超出较多，要求调增检测费。经核对，内蒙古自治区建设工程费用定额关于材料及产品质量检测费所包含的内容印刷有误。

费用定额第17页，材料及产品质量检测费“是指对建筑材料、构件和建筑安装物进行一般鉴定、检查所发生的费用。包括：自设试验室进行试验所耗用的材料和化学药品等费用；建设单位、质检单位对具有出厂合格证明的材料进行检验试验的费用。不包括新结构、新材料的试验费和对构件做破坏性试验及其他特殊要求检验试验的费用。”上述叙述有误，根据建设部、财政部关于印发《建筑安装工程费用项目组成》的通知，应更正为：“是指对建筑材料、构件和建筑安装物进行一般鉴定、检查所发生的费用，包括自设试验室进行试验耗用的材料和化学药品等费用。不包括新结构、新材料的试验费和建设单位对具有出厂合格证明的材料进行检验，对构件做破坏性试验及其他特殊要求检验试验的费用。”

由于内蒙古建设工程费用定额将不包括的“建设单位对具有出厂合格证明的材料进行检验”的费用，放在“包括”的内容内，导致施工单位对建设单位、监理单位、检测单位对具有合格证明的材料、产品进行再次检测的费用，不能另外据实计算，出现了按规定计取的检测费收入低于检测费实际支出的问题。

在工程建设实际工作中，受利益驱动和管理不规范影响，材料及产品检测的范围和次数呈现越来越大的趋势。尤其是具有出厂合格证明和试验数据的工业产品，如电缆、电线、管道、电器、设备等，均要求在施工安装前重复检测。检测范围超出了相应施工验收技术规范要求的范围，检测费用相应提高。为规范建设各方的工作，维护工程建设各方的合法权益，施工单位应拒绝超出施工验收技术规范范围的各项检测，费用计算的方法应严格按费用定额中的相应规定执行。费用内容只包括相应施工验收技术规范要求的检测范围和费用定额规定范围之内的费用，不包括项目建设单位、监理单位、其他有关单位对具有出厂合格证明材料另行检测所发生的检测费用。实际施工中，若出现要求施工单位对具有出厂合格证明的材料和超出施工验收技术规范规定范围的各项检测现象，施工单位应报项目建设单位并要求进行现场签证，检测费用向项目建设单位据实结算。据实结算的检测费用可另外计取规费和税金。

二〇一一年十月三十一日

第30章 云南地区

30.1 云南省住房和城乡建设厅关于发布施行《云南省城市轨道交通工程造价计价依据系列》的通知

云建标［2012］5号

省直各委、办、厅、局，各州、市住房和城乡建设局，各有关工程设计、施工、中介机构、建设单位，驻滇各有关单位及部队：

为适应新形势下城市轨道交通工程建设的需要，合理确定和控制城市轨道交通工程造价，依据住房和城乡建设部《关于印发〈城市轨道交通工程预算定额〉的通知》（建标〔2008〕193号）要求，并结合我省实际，我厅制定了《云南省城市轨道交通工程造价计价依据系列》，编号为DCG53-103-2012，现予发布，自2012年1月1日起在全省行政区域内施行。凡2012年1月1日前已签订施工合同的轨道交通工程，其计价办法继续按合同约定执行。

《云南省城市轨道交通工程造价计价依据系列》包括：《云南省城市轨道交通工程消耗量定额》（土建上、下）、《云南省城市轨道交通工程消耗量定额》（安装上、下）、《云南省城市轨道交通工程造价计价规则》。

《云南省城市轨道交通工程造价计价依据系列》是轨道工程建设中编制工程量清单和工程招标控制价的标准；是编制投资估算、设计概算、施工图预算、工程结算、竣工决算，进行工程造价技术鉴定和行政调解的基础和依据。

各有关单位在执行过程中，如有意见和建议请及时向省住房和城乡建设厅标准定额处反馈。本计价依据系列的印发、勘误、解释、补充、修改等工作由省住房和城乡建设厅标准定额处具体负责。

云南省住房和城乡建设厅

二〇一二年一月九日

30.2 云南省住房和城乡建设厅关于调整2003版建设工程造价计价依据人工综合工日单价的通知

云建标〔2011〕452号

各州市、市住房和城乡建设局，省直各有关部门，各有关单位：

依据云南省劳动和社会保障厅发布的2010年和2011年企业货币平均工资增长线，并结合云南省建设工程发展实际，经研究，我厅决定调整《云南省2003版建设工程造价计价依据》中人工综合工日单价。具体调整情况如下：

一、人工综合工日单价由现行的42.06元调整为53.23元。

二、《云南省2003版建设工程造价计价依据》中涉及到的人工工日单价都应进行调整，调整后的综合工日单价作为计算人工费、机械费、规费、管理费、利润的计算基数。

三、本人工综合工日单价自2011年9月1日期施行。凡2011年9月1日前已发出招标文件或已签订施工合同的工程，按招标文件规定或合同的约定执行，如合同中没有约定的，按2011年9月1日以后完成的工程量进行调整。

云南省住房和城乡建设厅

二〇一一年八月二日

30.3 云南省住房与城乡建设厅关于调整建安工程造价税金计算系数的通知

云建标［2011］454号

省直各有关部门、各州、市住房和城乡建设局、各有关单位：

根据云南省财政厅、云南省地方税务局《关于调整地方教育附加征收政策的通知》（云财综［2011］46）文件的规定，现就建安工程造价税金的计算调整如下：

自2011年1月1日起，调整《云南省2003版建设工程造价计价依据》中建安工程造价税金计算系数。

调整后的建安工程造价税金计算系数：

工程所在地	综合税率%	计算系数
市区	3.36	0.0348
县城、镇	3.30	0.0341
其他	3.18	0.0328

附件：云南省财政厅、云南省地方税务局《关于调整地方教育附加征收政策的通知》（云财综［2011］46）文件

云南省住房和城乡建设厅

二〇一一年八月二日

30.4 住房城乡建设部 财政部关于印发《建筑安装工程费用项目组成》的通知

建标［2013］44号

各省、自治区住房城乡建设厅、财政厅，直辖市建委（建交委）、财政局，国务院有关部门：

为适应深化工程计价改革的需要，根据国家有关法律、法规及相关政策，在总结原建

设部、财政部《关于印发〈建筑安装工程费用项目组成〉的通知》（建标［2003］206号）（以下简称《通知》）执行情况的基础上，我们修订完成了《建筑安装工程费用项目组成》（以下简称《费用组成》），现印发给你们。为便于各地区、各部门做好发布后的贯彻实施工作，现将主要调整内容和贯彻实施有关事项通知如下：

一、《费用组成》调整的主要内容：

（一）建筑安装工程费用项目按费用构成要素组成划分为人工费、材料费、施工机具使用费、企业管理费、利润、规费和税金（见附件1）。

（二）为指导工程造价专业人员计算建筑安装工程造价，将建筑安装工程费用按工程造价形成顺序划分为分部分项工程费、措施项目费、其他项目费、规费和税金（见附件2）。

（三）按照国家统计局《关于工资总额组成的规定》，合理调整了人工费构成及内容。

（四）依据国家发展改革委、财政部等9部委发布的《标准施工招标文件》的有关规定，将工程设备费列入材料费；原材料费中的检验试验费列入企业管理费。

（五）将仪器仪表使用费列入施工机具使用费；大型机械进出场及安拆费列入措施项目费。

（六）按照《社会保险法》的规定，将原企业管理费中劳动保险费中的职工死亡丧葬补助费、抚恤费列入规费中的养老保险费；在企业管理费中的财务费和其他中增加担保费用、投标费、保险费。

（七）按照《社会保险法》、《建筑法》的规定，取消原规费中危险作业意外伤害保险费，增加工伤保险费、生育保险费。

（八）按照财政部的有关规定，在税金中增加地方教育附加。

二、为指导各部门、各地区按照本通知开展费用标准测算等工作，我们对原《通知》中建筑安装工程费用参考计算方法、公式和计价程序等进行了相应的修改完善，统一制订了《建筑安装工程费用参考计算方法》和《建筑安装工程计价程序》（见附件3、附件4）。

三、《费用组成》自2013年7月1日起施行，原建设部、财政部《关于印发〈建筑安装工程费用项目组成〉的通知》（建标［2003］206号）同时废止。

附件：1. 建筑安装工程费用项目组成（按费用构成要素划分）

2. 建筑安装工程费用项目组成（按造价形成划分）

3. 建筑安装工程费用参考计算方法

4. 建筑安装工程计价程序

住房城乡建设部　财政部

2013年3月21日

附件1：

建筑安装工程费用项目组成（按费用构成要素划分）

建筑安装工程费按照费用构成要素划分：由人工费、材料（包含工程设备，下同）费、施工机具使用费、企业管理费、利润、规费和税金组成。其中人工费、材料费、施工机具使用费、企业管理费和利润包含在分部分项工程费、措施项目费、其他项目费中（见附表）。

（一）人工费：是指按工资总额构成规定，支付给从事建筑安装工程施工的生产工人和附属生产单位工人的各项费用。内容包括：

1. 计时工资或计件工资：是指按计时工资标准和工作时间或对已做工作按计件单价支付给个人的劳动报酬。

2. 奖金：是指对超额劳动和增收节支支付给个人的劳动报酬。如节约奖、劳动竞赛奖等。

3. 津贴补贴：是指为了补偿职工特殊或额外的劳动消耗和因其他特殊原因支付给个人的津贴，以及为了保证职工工资水平不受物价影响支付给个人的物价补贴。如流动施工津贴、特殊地区施工津贴、高温（寒）作业临时津贴、高空津贴等。

4. 加班加点工资：是指按规定支付的在法定节假日工作的加班工资和在法定日工作时间外延时工作的加点工资。

5. 特殊情况下支付的工资：是指根据国家法律、法规和政策规定，因病、工伤、产假、计划生育假、婚丧假、事假、探亲假、定期休假、停工学习、执行国家或社会义务等原因按计时工资标准或计时工资标准的一定比例支付的工资。

（二）材料费：是指施工过程中耗费的原材料、辅助材料、构配件、零件、半成品或成品、工程设备的费用。内容包括：

1. 材料原价：是指材料、工程设备的出厂价格或商家供应价格。

2. 运杂费：是指材料、工程设备自来源地运至工地仓库或指定堆放地点所发生的全部费用。

3. 运输损耗费：是指材料在运输装卸过程中不可避免的损耗。

4. 采购及保管费：是指为组织采购、供应和保管材料、工程设备的过程中所需要的各项费用。包括采购费、仓储费、工地保管费、仓储损耗。

工程设备是指构成或计划构成永久工程一部分的机电设备、金属结构设备、仪器装置及其他类似的设备和装置。

（三）施工机具使用费：是指施工作业所发生的施工机械、仪器仪表使用费或其租赁费。

1. 施工机械使用费：以施工机械台班耗用量乘以施工机械台班单价表示，施工机械台班单价应由下列七项费用组成：

（1）折旧费：指施工机械在规定的使用年限内，陆续收回其原值的费用。

（2）大修理费：指施工机械按规定的大修理间隔台班进行必要的大修理，以恢复其正常功能所需的费用。

（3）经常修理费：指施工机械除大修理以外的各级保养和临时故障排除所需的费用。包括为保障机械正常运转所需替换设备与随机配备工具附具的摊销和维护费用，机械运转中日常保养所需润滑与擦拭的材料费用及机械停滞期间的维护和保养费用等。

（4）安拆费及场外运费：安拆费指施工机械（大型机械除外）在现场进行安装与拆卸所需的人工、材料、机械和试运转费用以及机械辅助设施的折旧、搭设、拆除等费用；场外运费指施工机械整体或分体自停放地点运至施工现场或由一施工地点运至另一施工地点的运输、装卸、辅助材料及架线等费用。

(5) 人工费：指机上司机（司炉）和其他操作人员的人工费。

(6) 燃料动力费：指施工机械在运转作业中所消耗的各种燃料及水、电等。

(7) 税费：指施工机械按照国家规定应缴纳的车船使用税、保险费及年检费等。

2. 仪器仪表使用费：是指工程施工所需使用的仪器仪表的摊销及维修费用。

（四）企业管理费：是指建筑安装企业组织施工生产和经营管理所需的费用。内容包括：

1. 管理人员工资：是指按规定支付给管理人员的计时工资、奖金、津贴补贴、加班加点工资及特殊情况下支付的工资等。

2. 办公费：是指企业管理办公用的文具、纸张、账表、印刷、邮电、书报、办公软件、现场监控、会议、水电、烧水和集体取暖降温（包括现场临时宿舍取暖降温）等费用。

3. 差旅交通费：是指职工因公出差、调动工作的差旅费、住勤补助费，市内交通费和误餐补助费，职工探亲路费，劳动力招募费，职工退休、退职一次性路费，工伤人员就医路费，工地转移费以及管理部门使用的交通工具的油料、燃料等费用。

4. 固定资产使用费：是指管理和试验部门及附属生产单位使用的属于固定资产的房屋、设备、仪器等的折旧、大修、维修或租赁费。

5. 工具用具使用费：是指企业施工生产和管理使用的不属于固定资产的工具、器具、家具、交通工具和检验、试验、测绘、消防用具等的购置、维修和摊销费。

6. 劳动保险和职工福利费：是指由企业支付的职工退职金、按规定支付给离休干部的经费，集体福利费、夏季防暑降温、冬季取暖补贴、上下班交通补贴等。

7. 劳动保护费：是企业按规定发放的劳动保护用品的支出。如工作服、手套、防暑降温饮料以及在有碍身体健康的环境中施工的保健费用等。

8. 检验试验费：是指施工企业按照有关标准规定，对建筑以及材料、构件和建筑安装物进行一般鉴定、检查所发生的费用，包括自设试验室进行试验所耗用的材料等费用。不包括新结构、新材料的试验费，对构件做破坏性试验及其他特殊要求检验试验的费用和建设单位委托检测机构进行检测的费用，对此类检测发生的费用，由建设单位在工程建设其他费用中列支。但对施工企业提供的具有合格证明的材料进行检测不合格的，该检测费用由施工企业支付。

9. 工会经费：是指企业按《工会法》规定的全部职工工资总额比例计提的工会经费。

10. 职工教育经费：是指按职工工资总额的规定比例计提，企业为职工进行专业技术和职业技能培训，专业技术人员继续教育、职工职业技能鉴定、职业资格认定以及根据需要对职工进行各类文化教育所发生的费用。

11. 财产保险费：是指施工管理用财产、车辆等的保险费用。

12. 财务费：是指企业为施工生产筹集资金或提供预付款担保、履约担保、职工工资支付担保等所发生的各种费用。

13. 税金：是指企业按规定缴纳的房产税、车船使用税、土地使用税、印花税等。

14. 其他：包括技术转让费、技术开发费、投标费、业务招待费、绿化费、广告费、公证费、法律顾问费、审计费、咨询费、保险费等。

（五）利润：是指施工企业完成所承包工程获得的盈利。

（六）规费：是指按国家法律、法规规定，由省级政府和省级有关权力部门规定必须缴纳或计取的费用。包括：

1. 社会保险费

（1）养老保险费：是指企业按照规定标准为职工缴纳的基本养老保险费。

（2）失业保险费：是指企业按照规定标准为职工缴纳的失业保险费。

（3）医疗保险费：是指企业按照规定标准为职工缴纳的基本医疗保险费。

（4）生育保险费：是指企业按照规定标准为职工缴纳的生育保险费。

（5）工伤保险费：是指企业按照规定标准为职工缴纳的工伤保险费。

2. 住房公积金：是指企业按规定标准为职工缴纳的住房公积金。

3. 工程排污费：是指按规定缴纳的施工现场工程排污费。

其他应列而未列入的规费，按实际发生计取。

（七）税金：是指国家税法规定的应计入建筑安装工程造价内的营业税、城市维护建设税、教育费附加以及地方教育附加。

附表

建筑安装工程费用项目组成表
（按费用构成要素划分）

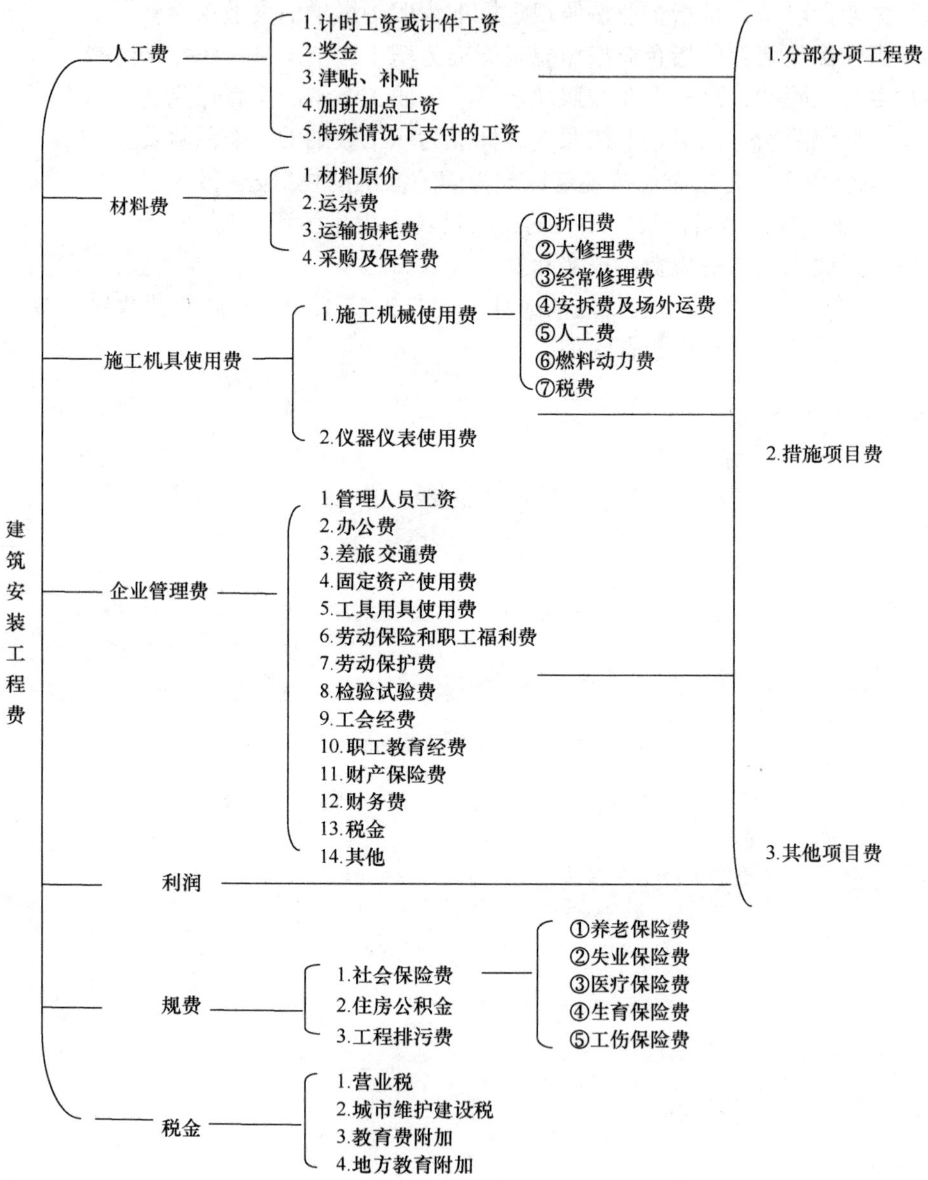

附件2：

建筑安装工程费用项目组成（按造价形成划分）

建筑安装工程费按照工程造价形成由分部分项工程费、措施项目费、其他项目费、规费、税金组成，分部分项工程费、措施项目费、其他项目费包含人工费、材料费、施工机具使用费、企业管理费和利润（见附表）。

（一）分部分项工程费：是指各专业工程的分部分项工程应予列支的各项费用。

1. 专业工程：是指按现行国家计量规范划分的房屋建筑与装饰工程、仿古建筑工程、通用安装工程、市政工程、园林绿化工程、矿山工程、构筑物工程、城市轨道交通工程、爆破工程等各类工程。

2. 分部分项工程：指按现行国家计量规范对各专业工程划分的项目。如房屋建筑与装饰工程划分的土石方工程、地基处理与桩基工程、砌筑工程、钢筋及钢筋混凝土工程等。

各类专业工程的分部分项工程划分见现行国家或行业计量规范。

（二）措施项目费：是指为完成建设工程施工，发生于该工程施工前和施工过程中的技术、生活、安全、环境保护等方面的费用。内容包括：

1. 安全文明施工费

①环境保护费：是指施工现场为达到环保部门要求所需要的各项费用。

②文明施工费：是指施工现场文明施工所需要的各项费用。

③安全施工费：是指施工现场安全施工所需要的各项费用。

④临时设施费：是指施工企业为进行建设工程施工所必须搭设的生活和生产用的临时建筑物、构筑物和其他临时设施费用。包括临时设施的搭设、维修、拆除、清理费或摊销费等。

2. 夜间施工增加费：是指因夜间施工所发生的夜班补助费、夜间施工降效、夜间施工照明设备摊销及照明用电等费用。

3. 二次搬运费：是指因施工场地条件限制而发生的材料、构配件、半成品等一次运输不能到达堆放地点，必须进行二次或多次搬运所发生的费用。

4. 冬雨季施工增加费：是指在冬季或雨季施工需增加的临时设施、防滑、排除雨雪，人工及施工机械效率降低等费用。

5. 已完工程及设备保护费：是指竣工验收前，对已完工程及设备采取的必要保护措施所发生的费用。

6. 工程定位复测费：是指工程施工过程中进行全部施工测量放线和复测工作的费用。

7. 特殊地区施工增加费：是指工程在沙漠或其边缘地区、高海拔、高寒、原始森林等特殊地区施工增加的费用。

8. 大型机械设备进出场及安拆费：是指机械整体或分体自停放场地运至施工现场或由一个施工地点运至另一个施工地点，所发生的机械进出场运输及转移费用及机械在施工现场进行安装、拆卸所需的人工费、材料费、机械费、试运转费和安装所需的辅助设施的费用。

9. 脚手架工程费：是指施工需要的各种脚手架搭、拆、运输费用以及脚手架购置费的摊销（或租赁）费用。

措施项目及其包含的内容详见各类专业工程的现行国家或行业计量规范。

（三）其他项目费

1. 暂列金额：是指建设单位在工程量清单中暂定并包括在工程合同价款中的一笔款项。用于施工合同签订时尚未确定或者不可预见的所需材料、工程设备、服务的采购，施工中可能发生的工程变更、合同约定调整因素出现时的工程价款调整以及发生的索赔、现场签证确认等的费用。

2. 计日工：是指在施工过程中，施工企业完成建设单位提出的施工图纸以外的零星项目或工作所需的费用。

3. 总承包服务费：是指总承包人为配合、协调建设单位进行的专业工程发包，对建设单位自行采购的材料、工程设备等进行保管以及施工现场管理、竣工资料汇总整理等服务所需的费用。

（四）规费：定义同附件 1。

（五）税金：定义同附件 1。

附表

建筑安装工程费用项目组成表
(按造价形成划分)

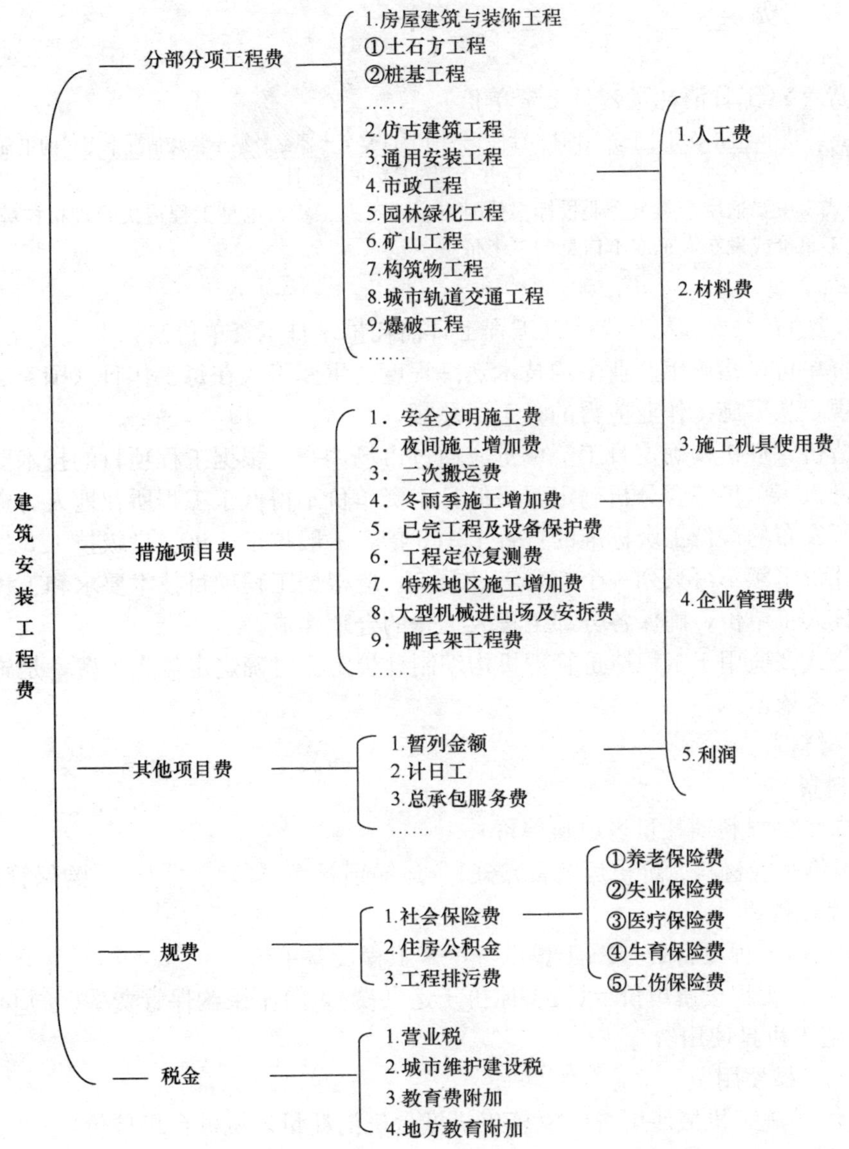

附件 3：

建筑安装工程费用参考计算方法

一、各费用构成要素参考计算方法如下：

（一）人工费

公式 1：

人工费＝Σ(工日消耗量×日工资单价)

$$日工资单价=\frac{生产工人平均月工资(计时、计件)+平均月(奖金+津贴补贴+特殊情况下支付的工资)}{年平均每月法定工作日}$$

注：公式 1 主要适用于施工企业投标报价时自主确定人工费，也是工程造价管理机构编制计价定额确定定额人工单价或发布人工成本信息的参考依据。

公式 2：

人工费＝Σ(工程工日消耗量×日工资单价)

日工资单价是指施工企业平均技术熟练程度的生产工人在每工作日（国家法定工作时间内）按规定从事施工作业应得的日工资总额。

工程造价管理机构确定日工资单价应通过市场调查、根据工程项目的技术要求，参考实物工程量人工单价综合分析确定，最低日工资单价不得低于工程所在地人力资源和社会保障部门所发布的最低工资标准的：普工 1.3 倍、一般技工 2 倍、高级技工 3 倍。

工程计价定额不可只列一个综合工日单价，应根据工程项目技术要求和工种差别适当划分多种日人工单价，确保各分部工程人工费的合理构成。

注：公式 2 适用于工程造价管理机构编制计价定额时确定定额人工费，是施工企业投标报价的参考依据。

（二）材料费

1. 材料费

材料费＝Σ(材料消耗量×材料单价)

材料单价＝[(材料原价＋运杂费)×〔1＋运输损耗率(%)〕]×[1＋采购保管费率(%)]

2. 工程设备费

工程设备费＝Σ(工程设备量×工程设备单价)

工程设备单价＝(设备原价＋运杂费)×[1＋采购保管费率(%)]

（三）施工机具使用费

1. 施工机械使用费

施工机械使用费＝Σ(施工机械台班消耗量×机械台班单价)

机械台班单价＝台班折旧费＋台班大修费＋台班经常修理费＋台班安拆费及场外运费＋台班人工费＋台班燃料动力费＋台班车船税费

注：工程造价管理机构在确定计价定额中的施工机械使用费时，应根据《建筑施工机械台班费用计算规则》结合市场调查编制施工机械台班单价。施工企业可以参考工程造价管理机构发布的台班单价，自主确定施工机械使用费的报价，如租赁施工机械，公式为：施工机械使用费＝Σ(施工机械台班消耗量×机械台班租赁单价)

2. 仪器仪表使用费

仪器仪表使用费＝工程使用的仪器仪表摊销费＋维修费

(四)企业管理费费率

(1)以分部分项工程费为计算基础

$$企业管理费费率(\%)=\frac{生产工人年平均管理费}{年有效施工天数\times 人工单价}\times 人工费占分部分项工程费比例(\%)$$

(2)以人工费和机械费合计为计算基础

$$企业管理费费率(\%)=\frac{生产工人年平均管理费}{年有效施工天数\times(人工单价+每一工日机械使用费)}\times 100\%$$

(3)以人工费为计算基础

$$企业管理费费率(\%)=\frac{生产工人年平均管理费}{年有效施工天数\times 人工单价}\times 100\%$$

注：上述公式适用于施工企业投标报价时自主确定管理费，是工程造价管理机构编制计价定额确定企业管理费的参考依据。

工程造价管理机构在确定计价定额中企业管理费时，应以定额人工费或(定额人工费＋定额机械费)作为计算基数，其费率根据历年工程造价积累的资料，辅以调查数据确定，列入分部分项工程和措施项目中。

(五)利润

1. 施工企业根据企业自身需求并结合建筑市场实际自主确定，列入报价中。

2. 工程造价管理机构在确定计价定额中利润时，应以定额人工费或(定额人工费＋定额机械费)作为计算基数，其费率根据历年工程造价积累的资料，并结合建筑市场实际确定，以单位(单项)工程测算，利润在税前建筑安装工程费的比重可按不低于5%且不高于7%的费率计算。利润应列入分部分项工程和措施项目中。

(六)规费

1. 社会保险费和住房公积金

社会保险费和住房公积金应以定额人工费为计算基础，根据工程所在地省、自治区、直辖市或行业建设主管部门规定费率计算。

社会保险费和住房公积金＝∑(工程定额人工费×社会保险费和住房公积金费率)

式中：社会保险费和住房公积金费率可以每万元发承包价的生产工人人工费和管理人员工资含量与工程所在地规定的缴纳标准综合分析取定。

2. 工程排污费

工程排污费等其他应列而未列入的规费应按工程所在地环境保护等部门规定的标准缴纳，按实计取列入。

(七)税金

税金计算公式：

税金＝税前造价×综合税率(%)

综合税率：

1. 纳税地点在市区的企业

$$综合税率(\%)=\frac{1}{1-3\%-(3\%\times 7\%)-(3\%\times 3\%)-(3\%\times 2\%)}-1$$

2. 纳税地点在县城、镇的企业

$$综合税率(\%)=\frac{1}{1-3\%-(3\%\times 5\%)-(3\%\times 3\%)-(3\%\times 2\%)}-1$$

3. 纳税地点不在市区、县城、镇的企业

$$综合税率(\%)=\frac{1}{1-3\%-(3\%\times1\%)-(3\%\times3\%)-(3\%\times2\%)}-1$$

4. 实行营业税改增值税的，按纳税地点现行税率计算。

二、建筑安装工程计价参考公式如下

(一)分部分项工程费

分部分项工程费＝Σ(分部分项工程量×综合单价)

式中：综合单价包括人工费、材料费、施工机具使用费、企业管理费和利润以及一定范围的风险费用(下同)。

(二)措施项目费

1. 国家计量规范规定应予计量的措施项目，其计算公式为：

措施项目费＝Σ(措施项目工程量×综合单价)

2. 国家计量规范规定不宜计量的措施项目计算方法如下

(1)安全文明施工费

安全文明施工费＝计算基数×安全文明施工费费率(%)

计算基数应为定额基价(定额分部分项工程费＋定额中可以计量的措施项目费)、定额人工费或(定额人工费＋定额机械费)，其费率由工程造价管理机构根据各专业工程的特点综合确定。

(2) 夜间施工增加费

夜间施工增加费＝计算基数×夜间施工增加费费率(%)

(3) 二次搬运费

二次搬运费＝计算基数×二次搬运费费率(%)

(4)冬雨季施工增加费

冬雨季施工增加费＝计算基数×冬雨季施工增加费费率(%)

(5) 已完工程及设备保护费

已完工程及设备保护费＝计算基数×已完工程及设备保护费费率 (%)

上述 (2) ～ (5) 项措施项目的计费基数应为定额人工费或 (定额人工费＋定额机械费)，其费率由工程造价管理机构根据各专业工程特点和调查资料综合分析后确定。

(三) 其他项目费

1. 暂列金额由建设单位根据工程特点，按有关计价规定估算，施工过程中由建设单位掌握使用、扣除合同价款调整后如有余额，归建设单位。

2. 计日工由建设单位和施工企业按施工过程中的签证计价。

3. 总承包服务费由建设单位在招标控制价中根据总包服务范围和有关计价规定编制，施工企业投标时自主报价，施工过程中按签约合同价执行。

(四) 规费和税金

建设单位和施工企业均应按照省、自治区、直辖市或行业建设主管部门发布标准计算规费和税金，不得作为竞争性费用。

三、相关问题的说明

1. 各专业工程计价定额的编制及其计价程序，均按本通知实施。

2. 各专业工程计价定额的使用周期原则上为 5 年。

3. 工程造价管理机构在定额使用周期内，应及时发布人工、材料、机械台班价格信息，实行工程造价动态管理，如遇国家法律、法规、规章或相关政策变化以及建筑市场物价波动较大时，应适时调整定额人工费、定额机械费以及定额基价或规费费率，使建筑安装工程费能反映建筑市场实际。

4. 建设单位在编制招标控制价时，应按照各专业工程的计量规范和计价定额以及工程造价信息编制。

5. 施工企业在使用计价定额时除不可竞争费用外，其余仅作参考，由施工企业投标时自主报价。

附件 4：

建筑安装工程计价程序

建设单位工程招标控制价计价程序

工程名称：　　　　　　　　　　　　　　　　　　标段：

序号	内　容	计算方法	金额（元）
1	分部分项工程费	按计价规定计算	
1.1			
1.2			
1.3			
1.4			
1.5			
2	措施项目费	按计价规定计算	
2.1	其中：安全文明施工费	按规定标准计算	
3	其他项目费		
3.1	其中：暂列金额	按计价规定估算	
3.2	其中：专业工程暂估价	按计价规定估算	
3.3	其中：计日工	按计价规定估算	
3.4	其中：总承包服务费	按计价规定估算	
4	规费	按规定标准计算	
5	税金（扣除不列入计税范围的工程设备金额）	（1+2+3+4）×规定税率	
招标控制价合计=1+2+3+4+5			

施工企业工程投标报价计价程序

工程名称：　　　　　　　　　　　　　　　标段：

序号	内　　容	计算方法	金额（元）
1	分部分项工程费	自主报价	
1.1			
1.2			
1.3			
1.4			
1.5			
2	措施项目费	自主报价	
2.1	其中：安全文明施工费	按规定标准计算	
3	其他项目费		
3.1	其中：暂列金额	按招标文件提供金额计列	
3.2	其中：专业工程暂估价	按招标文件提供金额计列	
3.3	其中：计日工	自主报价	
3.4	其中：总承包服务费	自主报价	
4	规费	按规定标准计算	
5	税金（扣除不列入计税范围的工程设备金额）	（1+2+3+4）×规定税率	
投标报价合计=1+2+3+4+5			

竣工结算计价程序

工程名称：　　　　　　　　　　　　　　标段：

序号	汇总内容	计算方法	金额（元）
1	分部分项工程费	按合同约定计算	
1.1			
1.2			
1.3			
1.4			
1.5			
2	措施项目	按合同约定计算	
2.1	其中：安全文明施工费	按规定标准计算	
3	其他项目		
3.1	其中：专业工程结算价	按合同约定计算	
3.2	其中：计日工	按计日工签证计算	
3.3	其中：总承包服务费	按合同约定计算	
3.4	索赔与现场签证	按发承包双方确认数额计算	
4	规费	按规定标准计算	
5	税金（扣除不列入计税范围的工程设备金额）	（1＋2＋3＋4）×规定税率	
竣工结算总价合计＝1＋2＋3＋4＋5